부동산 왜 버는 사람만 벌까

정책에 흔들리지 않고 고수익을 부르는 부동산 투자의 핵심

부동산 왜 버는 사람만 벌까

초판 1쇄 2017년 10월 10일
4쇄 2018년 9월 30일

지은이 심교언
펴낸이 전호림
책임편집 권병규
마케팅 황기철 김혜원 정혜윤

펴낸곳 매경출판㈜
등록 2003년 4월 24일(No. 2-3759)
주소 (04557) 서울시 중구 충무로 2(필동1가) 매일경제 별관 2층 매경출판㈜
홈페이지 www.mkbook.co.kr **페이스북** facebook.com/maekyung1
전화 02)2000-2631(기획편집) 02)2000-2645(마케팅) 02)2000-2606(구입 문의)
팩스 02)2000-2609 **이메일** publish@mk.co.kr
인쇄 · 제본 ㈜M-print 031)8071-0961
ISBN 979-11-5542-746-0(03320)

이 도서의 국립중앙도서관 출판예정도서목록(CIP)은 서지정보유통지원시스템 홈페이지(http://seoji.nl.go.kr)와
국가자료공동목록시스템(http://www.nl.go.kr/kolisnet)에서 이용하실 수 있습니다.
(CIP제어번호 : CIP2017023447)

정책에 흔들리지 않고 고수익을 부르는 부동산 투자의 핵심

부동산 왜? 버는 사람만 벌까

심교언 지음

매일경제신문사

부 동 산   왜   버 는   사 람 만   벌 까

¤ **일러두기**

- 본문에서 주로 사용된 '주택매매가격지수'는 KB국민은행에서 전국의 주택매매가격을 조사하여 일정 시점을 기준 삼아 지역별, 주택유형별, 주택재고 구성비를 가중치 값으로 부여해 산출하는 지표다. 1986년부터 작성하기 시작했으며, 전체 주택시장의 동향을 파악하는 데 유효하다.
- 가격 동향 및 추세 분석에 의미를 둔 그래프의 경우 가독성을 위해 수치 기입을 생략했다.

주택가격 바로 알기

참 걱정이다.

새 정부 부동산 정책 압박이 이어지고 있고, 경제는 지지부진한 데다, 주택가격도 지역에 따라 갈팡질팡한다. 사람들의 불안이 더 커질 수밖에 없다. 집을 사자니 가격이 떨어질 것 같아 부담스럽고, 안 사자니 혹시라도 오르면 영원히 못 살 것 같아 불안한 상황이 계속되고 있다.

아주 오래전부터 사람들은 "우리나라 주택가격이 너무 비싸다"고 이야기해왔다. 그러던 것이 이젠 "비싸도 너무 비싸다"고 말하는 지경에 이르렀다. 내 주변에도 '주택가격이 꼭지'라 생각해 팔고 세를 얻어 사는 사람이 제법 생겨났다. 수년 전 '대폭락'이니, 일본처럼 '잃어버린 20년'이 닥친다느니 하는 절망적인 심리가 사회를 휩쓸고 있을 때였다. 그래서 집을 팔고 전세나 월세로 갔는데, 지금은 그들 대부분이 후회하고 있다. 한 번의 판단으로 엄청난 재산 손실을 본 것이다. 사실 직접적인 손해라고 보긴 힘들겠지만, 그대로 가지고 있었으면 수억 원을 벌 수 있었을 텐데 그게 아쉬운 것이다.

반대의 경우도 있다. 2007년 오래전부터 알고 지내던 지인이 "주택가격이 많이 올랐는데, 어떻게 해야 하나" 물어왔다. 집이 어디 있냐고 물었더니 수도권 신도시라고 했다. 그래서 "지금 빨리 파는 게 좋고, 몇 년 기다렸다가 다시 사는 것을 고려해보라"고 조언했다. 당시 그는 좀 찜찜해 하면서도 내 조언에 따라 집을 매각했다. 그리고 얼마 후 만났을 때는 "매각 후 주택가격이 빠진 상태"라며 만족하고 있었다. 하락을 피해서 다행이라는 것이다.

그러다가 미국발 금융위기로 인해 한창 어려운 상황에서 다시 만나게 되었는데, 이번엔 "지금 집을 사야 하는 게 아니냐"고 물어왔다. 그래서 "좀 더 기다렸다가 사는 게 좋겠다"고 조언하자 "그래도 꼭 집을 사고 싶으니 어떻게 할지 알려 달라"는 것이었다. "정 집을 사고 싶으면 강남 쪽에 아무거나 사두라"고 했다. 몇 년은 물릴 생각하고 참을 자신 있으면 사라고 했다. 물론 되도록 위치가 좋은 쪽으로, 그리고 비싼 것이 좋다고 얘기를 해주었다. 몇 년 후 만나서 소주를 한 잔 하게 되었는데 당시 강남 쪽에 있는 다세대를 사서 지금은 아주 많이 올랐다며 고마움을 표했다.

잘못된 시장 판단으로 평생 회복 못할 타격을 입고, 한 번의 현명한 거래로 벼락부자가 되는 것이 부동산 거래다. 이처럼 매우 중요한 일임에도 불구하고 일반인들이 너무 막연하게 거래를 하고 있다는 사실이 놀랍기까지 하다.

몇 년 전 한 방송국에서 특집으로 주택가격을 다룬 적이 있다. 당시 그 프로그램에 출연하여 향후 주택가격에 대해 이야기하면서 "앞으로 경제가 성장하기만 한다면 주택가격은 계속 오를 가능성이 높다"고 말했다. 그리고 그 발언 후 공공의 적이 되었다. 지금도 비싼데 더 오른다고 했으니 기분이 많이 상했을 법도 하다. 당시는 금융위기 이후의 불안감과 현재 주택가격이 너무 비싸다는 생각 때문에 많은 사람들이 주택가격이 빠질 것을 예상하고 있었다. 물론 "빠진다"고 말한 반대편 사람의 인기는 좋았다. 그렇지만 당시 그 사람들 말을 듣고 폭락을 예상해 팔아치운 사람들은 지금 가슴이 많이 쓰릴 것이다.

2016년 중순, 라디오 방송에 나가서 "주택가격이 단기 조정을 보일지라도 서울 등지의 주택가격은 오를 것"이라고 이야기한 적이 있다. 물론 또 한 번 많은 사람들한테 '주택가격 상승을 부추기는 나쁜 사람'으로 매도되었다. 때마침 주택가격에 대해 책을 써달라는 출판사의 제안을 받았고, 일반인들을 대상으로 한 부동산 책들에는 어떤 것들이 있는지 살펴보게 되었다. 최근까지도 일반인들이 많이 읽는 부동산 분야의 책들은 무슨 세상이 곧 망할 것 같은 분위기의 책들이 대부분이었다. 부동산 폭락의 시대가 온다느니, 인구절벽이 온다느니, 대폭락의 시나리오가 시작되었다느니 하며 사람들의 불안감을 고조시키는 내용이었다.

거의 대놓고 폭락이라고 하는데도 인기가 좋은 게 신기했다. 1990년 대부터 꾸준히 "폭락이 올 것이다"라고 주장해 한두 번 맞춘 사람도 있다. 그러나 이런 사람들의 말에 따라 집을 팔고 폭락을 계속 기다렸으면 지금은 한숨만 쉬고 있을 가능성이 크다. 부동산 특히 주택은 어떻게 가격이 형성되며 주택가격은 어떤 속성이 있는지에 대한 이해 없이, 일부 사실의 과장된 해석만으로 폭락론이 득세한다. 그리고 이러한 폭락론이 사회의 대세가 되면 자기실현적 예언이 되는 경우도 왕왕 있다. 따라서 시장에 대한 객관적 자세와 과거 흐름을 이해하는 것이 더더욱 중요하다.

폭락은 언제든지 우리 곁에 닥칠 수 있다. 그러나 그것은 일반적으로 예측 불가능한 것들이다. 외환위기와 금융위기로 인해 주택가격이 빠지긴 했지만, 이것들을 제대로 예측한 사람이 몇 명이나 되는가. 주택가격의 움직임을 본인의 신념에 맞추어 무리하게 해석하기보다는 자연스런 흐름으로 보는 것이 더 맞지 않을까? 그리고 그 흐름을 따라가는 것이 더 자연스럽지 않을까?

문재인 정부의 부동산 정책이 하나둘 모습을 드러내자 부동산 시장은 바짝 눈치 보기를 하고 있다. 그러나 역대 정부를 살펴봐도 수요와 공급의 큰 틀을 벗어난 정책은 단기적인 거래감축 등의 효과만 나타났을 뿐, 시장은 제 갈 길을 꿋꿋이 갔음을 알 수 있다.

물론 그렇다고 해서 정책으로 인한 우려가 전혀 없는 것은 아니다. 2016년 경제성장의 절반이 건설부문에서 나왔다. 정책으로 인하여 이러한 추세가 꺾이게 된다면, 그리고 수도권과 지방의 양극화가 갈수록 심화되는 시장상황에서 정부의 섣부른 대책으로 지방이 완전히 죽는다면, 그 효과는 특히 서민 경제에 엄청난 충격을 줄 것이다. 어느 때보다 조심해서 정책을 수립하고 집행해야 하는 이유다. 이를 위해서는 과거에 주택가격이 어떻게 움직였는지에 대한 이해가 절대적으로 필요하다. 부디 많은 사람들이 주택가격에 대한 객관적 사실을 보다 확실히 이해하길 바란다.

이 책이 나오기까지 많은 사람들의 도움이 있었다. 초기 기획부터 제안, 일정 등을 조율해준 매경출판 권병규 과장이 없었다면 이 책은 아예 시작되지도 않았을 것이다. 또 맨해튼 아파트를 조사해준 NeWorks의 이종섭 대표님, 런던 조사를 맡아주신 레딩대 박사과정 현동우 님, 도쿄 사례를 조사해준 삼성물산 이봉석 박사님, 중국의 여러 도시 사례를 파악한 코람코 오진석 님의 도움으로 해외 고가아파트 조사가 가능하였다. 대학원에 재학 중인 학생들의 도움도 컸다. 각종 자료를 조사해준 김현수, 이석진, 이소윤, 허준명, 이상민, 안희철 등에게 감사를 표하며, 대부분의 데이터를 찾아 그래프 초안을 그리고 정리하는 데 큰 도움을 준 박사과정 고하희 양에게 특별히 감사의 인사를 전한다. 마지막으로 집에 자주 못 들어가는 상황을 이해해준 두 아들과 항상 날 응원하고 있는 사랑스런 아내에게 감사를 표한다.

심 교 언

CONTENTS

부 동 산 왜 버 는 사 람 만 벌 까

PART

1

앞으로 가장
뜨거울 지역은?

가장 뜨거운 곳에 주목하라

"어디에 집을 사는 게 좋을까요?"

부동산학과 교수로 재직하면서 많이 듣는 질문 중 하나다. 어려운 질문이다. 본인에게 어느 정도 자금이 있는지, 어떤 유형의 부동산을 좋아하는지, 그리고 어느 곳을 기반으로 생활하는지 등에 대해서는 알려주지 않은 채 무턱대고 질문부터 하니 더 어렵다. 비록 부동산학과에 몸을 담고 있긴 하지만, 보통 학교에 있는 사람들은 '어디가 좋은지'에 대해 큰 관심이 없다. 왜냐면 투자 대상으로 부동산을 바라보는 게 아니라 학문의 대상으로 보기 때문이다.

그래도 항상 하는 일관된 이야기는 "가장 뜨거운 지역에 관심을 두라"는 것이다. 지방 중소도시보다는 대도시, 대도시 중에서도 수도권,

수도권보다는 서울, 서울 안에서도 가장 뜨거운 지역을 말한다. 그러면 두 가지 반응이 나타난다.

첫 번째는 "지금 이렇게 비싼데 또 오를까"라는 반응이다. 2000년대 건축회사들이 강남에 한창 재건축 아파트를 분양할 때를 떠올려 보자. 재건축 아파트 일반분양을 하는데 당시로서는 고가인 평당 1,000만 원을 넘겼기에 그리 반응이 좋지 않았다. '너무 비싸다'는 것이었다. 결국 미분양이 나오게 되었고, 미분양 물건 처리가 만만치 않음을 깨달은 시공사는 이 물량을 직원들에게 권했다. 그러나 당시 직원들은 "평당 1,000만 원짜리를 누가 사냐"며 아무도 나서지 않았다. 그리고 시간이 흘러 현재 그 아파트는 평당 4,000만 원을 넘고 있다.

과거 전국 어디의 부동산을 샀어도 지금까진 꾸준히 올라왔다. 다만 오르는 지역은 항상 훨씬 더 많이 오르고, 나머진 올라도 미적미적 오르는 경향이 있었을 뿐이다. 그러므로 부동산을 살 때는 항상 뜨거운 지역을 사야 한다. 그럼 여기서 "어디까지 오를까"라는 질문이 반드시 뒤따른다. 누구도 예측하기 어려운 질문이다. 세계적으로 유명한 몇몇 도시의 최고가 아파트 정도까진 아니더라도 서울 일부 지역은 아직 오를 여지가 커 보이므로 관심을 가져도 괜찮을 듯하다.

두 번째 반응은 "돈이 없어서 못 산다"는 것이다. 물론 진짜 돈이 없어서 불가능한 경우도 있을 거다. 하지만 상당수는 빚내서 비싼 집을 사는 것 자체가 불안해서 망설인다. 적정한 범위라면 대출을 받아서라도 뜨거운 지역에 접근해야 평균 수익률보다 높은 이익을 가져갈 수 있다.

대도시는 계속 오른다

지금부터 하는 이야기도 좀 뻔하다. 세계적으로 대도시 주택가격은 계속해서 오르고, 소도시 주택가격은 정체되는 현상이 지속적으로 감지된다. 지방도시에서 아무리 도시재생을 하더라도 글로벌 경쟁단위는 언제나 대도시권이기 때문에 경제활동 역시 대도시 위주로 갈 수밖에 없다.

최근에 뜨는 산업과 미래 외식산업을 봐도 그렇다. IT, BT, CT, IoT 등 4차 산업혁명이라는 것 자체가 대도시 지향적이다. 과거 제조업이 국가 성장의 주축이었을 때는 지방에 산재하는 것이 가능하였으나, 지금은 대도시 집중이 더욱 가속화되고 있다.

오래전이긴 하지만 새벽까지 강남의 포장마차에서 소주를 먹고 있는데 옆 테이블의 대화가 귀에 들어왔다. 눈치를 보니 각각 다른 회사에 취직해 다니고 있는 대학 동창들인 것 같았는데, 유명 게임회사의 그래픽 작업에 관한 이야기를 한창 하고 있었다. 기술적인 부분에 대한 자세한 내용은 알기 힘들었지만 대략적인 내용은 이렇다. 게임 속 전투가 끝나고 등장하는 독수리의 눈에 눈물이 맺혀 있고 그 눈동자에 전사한 군인의 모습이 투영되는 장면이 어떻게 만들어졌는지에 대한 이야기였다. 그들은 소주를 마시면서 이에 대한 다양한 방법들을 토론하고 있었다.

이런 모습은 중소도시에서 보기 힘든 장면이다. 이를 '집적의 이익'이라 표현한다. 다양한 사람들, 다양한 분야의 전문가들이 공식적 혹은 비공식적으로 모임을 가지고, 여기서 나온 정보교환 및 아이디어 등으로 인해 산업에 혁신이 생겨나며 이를 기반으로 경제가 더욱 성장한다는 것이다.

또한 '골든칼라'라고 불리는 전문가 그룹이 경제성장에 중요한데, 이 사람들이 어떤 지역을 선호하느냐가 향후 주택가격에 영향을 미친다. 최근 지방 혁신도시 건설로 인하여 지방으로 이전한 공기업들이 공통적으로 겪는 곤란 중 하나가 우수한 전문 인력을 구할 수 없다는 것이다. 골든칼라의 경우 리처드 플로리다 교수가 창조도시라는 개념에서 지적했듯 대도시 입주를 절대적으로 선호한다. 그래서 지방으로 이전한 공기업의 뛰어난 인재들이 사표를 내고 서울에 있는 다른 직장으로 옮기는 현상이 비일비재하게 나타나는 것이다.

이들은 자녀들의 교육과 편의시설, 문화시설, 교통 등이 잘 갖춰진 곳을 좋아하기 때문에 대부분 대도시에 거주하고, 이들을 기반으로 4차 산업혁명이 진행될 가능성이 상당히 높다. 4차 산업혁명으로 인한 고용 창출과 경제적 과실도 대도시에 집중될 것이고, 그렇지 않아도 주택이 부족한 상황에서 대도시의 주택가격은 한참 더 오를 것이다.

이러한 현상이 미국 실리콘밸리의 도시인 샌프란시스코에서 벌어지고 있다. 주택가격이 오죽 올랐으면 "샌프란시스코 내의 교사나 소방관, 경찰 중 일부가 홈리스가 되었다"는 기사까지 나왔겠는가.

서울 대도시권의 주택가격은?

많은 사람들이 "서울 주택가격은 너무 많이 올랐다"고 말한다. 그래서 많이 하는 질문이 "앞으로도 오를 것인가"다. 서울 인구가 줄어들고 있다고 하니, 앞으로 주택가격이 빠질 수밖에 없다는 이야기도 조금씩 나온다. 하긴 서울 인구는 1990년 1,047만을 찍고 계속 감소 중이다. 그런 말이 나올 법도 하다.

인구와 가격의 관계에서 보면 서울 주택가격은 빠지는 게 정상이었다. 하지만 우리가 익히 알다시피 서울은 정점 이후에도 엄청 올랐다. 왜 그럴까? 이는 사람들이 실제 생활하고 근무하는 생활권을 기준으로 하는 게 아니라, 단순 행정구역 기준으로 통계를 집계하는 데 따라 나타나는 현상이다.

대부분의 선진국에서는 어느 지역의 주택가격을 말할 때 그 행정구역 내 주택가격이 아닌 직장으로의 통근율이 일정 정도 이상 되는 지역, 즉 '생활권'을 기준으로 대도시권을 설정하고 주택가격을 조사하여 발표한다. 뉴욕과 런던, 도쿄의 주택가격은 그 행정구역 안의 주택가격이 아닌 주변 도시를 포함한 대도시권 주택가격을 의미하는 것이다. 그러나 우리는 이런 조사를 거의 하지 않아 국제 비교가 힘들다.

그렇다면 서울 인구가 줄어들고 있으니 서울은 망해가는 도시라고 봐야 할까? 이를 수도권으로 확장하면 전혀 다른 이야기가 된다. 수도권 인구는 계속해서 늘고 있기 때문이다. 이는 서울이라는 행정구역 전체가 점차적으로 도심이 되어 상업용도 위주로 바뀌게 되고, 그에 따라 주거지가 계속해서 외부로 확장되는 과정이라 볼 수 있을 것이다. 서울은 계속 성장하고 있다고 보는 것이 맞다. 장기적으로 보았을 때 남으로는 천

서울과 수도권의 인구 변화

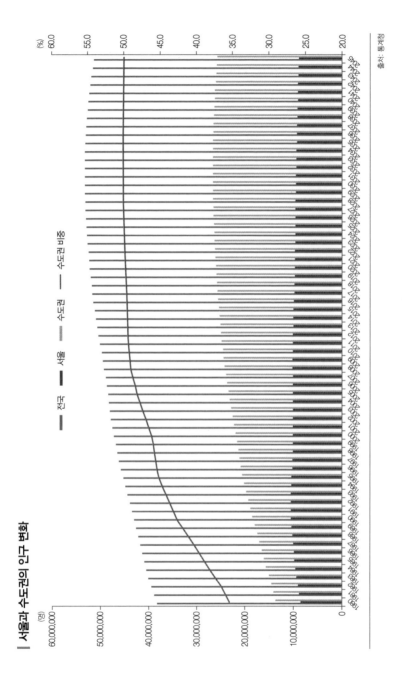

안, 북으로는 평양까지 연결되지 않을까 예상하는 사람들도 있었다.

실제 수도권의 인구는 우리나라 인구가 정점을 찍는 2031년 50.02%까지 늘어나서 2,649만 382명에 이를 것으로 예상된다. 이후에도 계속해서 50% 정도의 인구비중을 유지할 것으로 보인다. 전국적으로 인구가 감소해도 수도권은 당분간 괜찮다고 예측할 수 있다.

그래도 강남이다

그렇다면 서울의 어디가 좋다는 말인가? 서울 전부가 좋긴 하지만 그중에서도 가장 뜨거운 지역이 어딘지 궁금할 것이다. 답은 뻔하다. 지금은 강남이 가장 뜨겁다고 볼 수 있다. 아주 장기적으로는? 강남도 '글쎄'다.

주변에서 구체적으로 어느 곳의 부동산을 사는 게 좋은지 물어보면 입버릇처럼 하는 말이 있다. 현재 가격 기준으로 단기적으로는 강남, 중장기적으로는 용산을 말한다. 강남은 고용, 산업, 문화 등에서 가장 발달한 지역이다. 여기에 최근 서초구에서 경부고속도로를 지하화하는 계획인 '나비플랜'을 기반으로 'R&CD(연구개발 및 산업 생태계) 특구' 개발을 통해 연구와 혁신의 거점으로 삼는 구상이 진행되고 있다.

삼성역 주변은 더욱 좋다고 볼 수 있다. 수도권의 급행열차인 GTX 노선이 신설되고 수서역에서는 고속철도가 출발하는 호재가 있다. 이와 더불어 한전부지에는 현대그룹이 글로벌 비즈니스 센터GBC를 국내 최고

높이로 지어, 양질의 고용이 창출되는 것은 물론 문화와 생활, 컨벤션 기능을 아우르는 랜드마크를 조성할 계획이다.

거기다 지금 계획 중인 양재천 주변의 컨벤션 센터 SETEC 부지가 재단장되고, 잠실종합운동장 부지도 컨벤션과 벤처 기업들의 보금자리가 될 경우, 이들로 인한 부동산가격 상승은 불 보듯 뻔한 상황이다. 계획된 것들이 모두 완성될 경우 단군 이래 최대의 업무, 문화, 컨벤션, 쇼핑 집적 지역이 될 것이고, 이들 주변은 다시 도약할 가능성이 높다.

더 들여다보기

뜨거웠던 강남 부동산, 원인은 뭘까

강남의 부동산이 올라도 너무 올랐다. 2016년 강남3구의 재건축 아파트값은 16.6%나 상승해 이 정도면 과열이 아니냐 하는 우려가 나왔다(부동산114). '도대체 주택가격은 어떻게 결정되기에 이렇게 많이 오를까' 하는 생각과 더불어 '이러다 폭락하는 것은 아닌지'에 대한 걱정이 생기기도 한다.

주택가격은 일반적인 상품처럼 수요와 공급에 따라 결정된다. 먼저 수요측면에서는 '인구가 계속 늘어나는가'부터 봐야 하는데, 인구는 서서히 변화하므로 단기적 주택가격 변동에 대한 설명을 하기에 적절하지 않다. 그렇지만 앞으로 생산가능인구의 감소가 예정돼 있고 (선진국 중 아주 드물게) 일본에서 생산가능인구가 감소할 때 주택가격이 폭락했기에 우려하는 사람이 있다. 그러나 총인구와 세대수의 경우 오는 2035년까지는 지속적으로 증가하기 때문에 크게 우려할 바는 아니다. 다만 기존의 주택과 다른 수요층인 고령인과 1~2인 가구를 위한 대비는 필요한 시점이라고 볼 수 있다.

그렇다면 단기적으로 더 중요한 원인인 '경제'에 주목해야 한다. 우리 경제는 내수보다는 수출에 크게 의존하고 있는데, 수출 부진이 수십 개월째 지속되고 있고 그나마 버티던 대기업도 힘든 상황이라 경제여건만 봐서는 오른다고 보기 힘들다. 이는 미국을 제외한 선진국도 마찬가지다(2016년 말 당시 기준).

그런데 서울과 부산, 그중에서도 서울 강남의 주택가격이 많이 오르는 현상은 어떻게 설명할 수 있을까. 저금리로 인해 유동성이 풍부해졌다는 점, 그리고 경제 불안기에 마땅한 투자처를 찾지 못한 1,000조 원에 육박하는 부동자금의 영향이 크다. 한마디로 돈은 많은데 투자할 곳이 마땅치 않아서 우량 자산으로 쏠린다는 것이다. 이러한 현상은 세계적으로 나타나는 현상이기도 한데 주택가격이 싸고 안정적이었던 북유럽 대도시 부동산도 최근 몇 년 사이 두 배 가까이 오르고 있다. 이들 나라도 경제여건 개선보다는 마이너스 금리를 실행해 유동성이 풍부해진 결과로 볼 수 있다.

게다가 자산을 축적해 투자하는 주체 중 베이비부머가 많다. 이들은 나이 때문에 장기간 투자하기 힘들고 투자실패를 복구할 시간이 부족하기 때문에 초우량자산을 선호하는 경향이 강하다. 그래서 가장 우량하다고 생각하는 강남 재건축아파트에 많이 몰렸고 이후 '너무 많이 올랐다'고 판단해 서울 다른 지역의 재건축아파트와 일반주택, 수도권 일부 지역으로 상승세가 전파된 것이다. 한마디로 '오를 지역만 투자하는 성향'이 강하다는 얘기다.

공급 측면에서 보면, 불과 얼마 전까지만 해도 미국발 금리인상과 세계적인 경기침체로 인해 가격하락 혹은 폭락까지 얘기하는 사람들이 많았다. 게다가 정부에서 추진하는 행복도시와 혁신도시·기업도시 등 각종 신도시 건설 여파로 단군 이래 최대 인허가 물량이 2017~2018년에 입주하게 돼 이로 인한 하방압력이 큰 시점이다. 전국적으로 하락하면 보통 강남도 조정 받을 가능성이 커지게 된다.

KB주택매매가격지수를 보면 지난 30년간 전국 연평균 상승률이 3.7%이고, 2008년 금융위기 이후엔 연평균 2.5%였다. 이와 비교해 2015년 서울의 상승률 4.3%는 비교적 높은 편이었다. 그러나 지방의 2015년 상승률은 2.4%였기에 지방은 오히려 약간 침체해 있다고 볼 수 있고, 실제 일부 지방은 미분양이 느는 등 뚜렷한 하락세를 보여주는 곳도 있어 양극화의 심화가 염려스럽다.

(중략)

정부가 바라는 상황은 강남과 과열지역의 주택가격만 잡고 나머지는 침체가 멈추는 것이다. 물론 이로 인한 경기 침체는 없어야 한다. 그러나 만에 하나 강남 주택가격을 잡기는 했으나 지방 부동산 하락

떠오르는 용산, 아직도 갈 길이 멀다

'용이 서린 땅'이라는 용산지역은 최근 대형개발의 좌초로 주춤하고 있긴 하나 주택가격 상승 잠재력으로 보면 가장 좋지 않을까 하는 생각이 든다.

이를 반영하듯 2003년 이후 용산구 주택매매가격지수는 2009년까지 무려 79%나 수직상승하게 된다. 이 당시 삼성이 주도한 용산역세권 국제업무지구 개발사업이 진행됨에 따라 상승하게 된 것인데, 이후 사업이 무산됨에 따라 급격한 조정을 보이고 있다. 용산구의 주택가격이 고점을 찍은 2009년 이후 2016년까지 강남은 3.59% 상승하였음에도 불구하고, 용산구는 오히려 −8.37%를 기록해 매우 많이 빠진 셈이다. 더구나 전국 주택가격이 같은 기간 동안 18.06% 상승한 점을 감안하면 빠져도 많이 빠진 걸로 보인다.

그러나 이러한 조정은 일시적이고 단기적일 것으로 예상된다. 맨해튼 센트럴파크의 71% 규모에 해당하는 용산공원(용산민족공원) 계획이 착실

| 용산구, 강남, 전국 주택매매가격지수

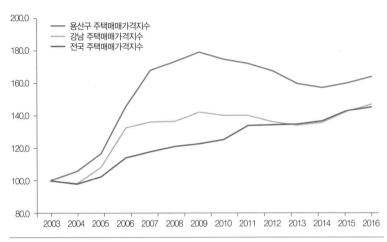

용산구 주택매매가격지수
강남 주택매매가격지수
전국 주택매매가격지수

출처: KB국민은행

| 용산공원 근처 개발계획

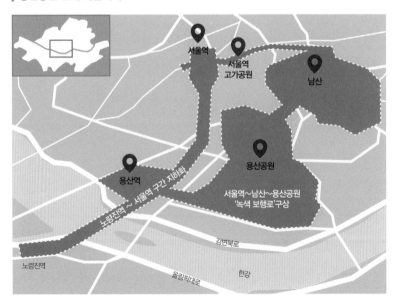

히 진행되고 있는 등 다양한 사업이 실현될 것이기 때문이다. 맨해튼에서 가장 비싼 집들이 있는 곳도 센트럴파크 근처이고, 런던에서 가장 비싼 집도 하이드파크 근처에 있다. 이에 비춰 앞으로 한국에서 가장 비싼 아파트는 용산공원 근처에 생기지 않을까 하는 생각이 든다.

다른 곳과 달리 용산공원은 그 하나로 끝나는 게 아니다. 남산과 연결되고 서울역, 한강까지 아우르는 공원이라 지금까지의 다른 공원들과 비교가 불가할 정도로 파급력이 클 것이다.

거기에다 무산된 국제업무지구 개발사업도 어떠한 형태로든 재개될 것이고, 이에 따라 엄청난 고용이 일어날 것이다. 무산되긴 했지만 과거 계획으로 본다면 거의 테헤란로의 모든 건물이 들어올 수 있는 물량이며 쇼핑센터도 코엑스의 3배 이상 규모가 들어올 수 있다. 물론 시간이 많이 걸리긴 하겠지만 중장기적으로 강북 도심이 가진 강점도 서서히 살아나, 향후 30~50년이 지나면 강남에서 다시 강북으로 주도권이 넘어갈 가능성도 커 보인다.

'제법 돈 좀 번다'는 사람들의 이야기를 들은 적 있다. 자녀들이 학교 다닐 나이 때는 지인들이 강남에 바글바글했다고 한다. 그러다 아이가 대학에 들어가자마자 강남을 많이 빠져나간다고 했다. 서울 외곽 혹은 신도시로 빠지는 사람도 있으나, 서울 시내로 들어가는 사람도 꽤 많았다. 강북 그리고 서울 도심이 가지고 있는 장점 때문에 꽤 만족하고 있다고 한다. 물론 시위 등으로 인해 불편한 점도 일부 있겠지만, 서울 도심이 가진 매력은 앞으로도 더욱 커질 전망이다.

CHAPTER 2

앞으로 어떻게 해야 하나

부동산은 과연 괜찮은 자산인가?

우리나라 사람은 부동산을 너무 사랑한다. 과연 부동산에 이렇게 '올인'하고 있는 것이 사회적으로 그리고 개인적으로 보았을 때 바람직한 걸까?

29페이지 표는 2013년 금융투자협회에서 낸 자료를 일부 조정하여 정리한 것이다. 1983~2012년까지 30년간 투자자산별 기간별 수익률을 비교하면 주식투자가 가장 높은 누적수익률을 나타내고 있다. 배당수익을 포함한 주식투자 수익률은 약 28배를 기록한 반면, 채권투자는 16배, 예금은 약 8배를 기록하였다.

여러 자산을 표로 정리해보니 부동산은 정말 안 올랐다. 물가상승률

자산구분	2003년~2012년(10년간)	1983년~2012년(30년간)
주식[1]	274.00%	2,793.20%
채권[2]	52.00%	1,609.70%
예금[3]	48.70%	777.30%
금[4]	325.80%	418.70%
부동산[5]	33.50%	161.70%
원유[6]	212.80%	289.80%
물가상승률	35.90%	236.60%
경제성장률	42.70%	552.20%

1) 배당포함, 코스피지수 연도별 수익률, 기말
2) 국고채(3년) 수익률, 2000년 이전은 회사채(3년) 수익률, 기간평균
3) 정기예금금리(만기 1년 미만, 신규취급기준), 예금은행 가중평균
4) 런던금시장협회(LBMA) London PM Fix price, 원화환산, 기말
5) 전국주택매매가격지수, 기말, 자료한계로 1986년부터 반영
6) 서부텍사스산중질유(WTI) Spot price, 원화환산, 기말

출처: 금융투자협회

이나 경제성장률보다 훨씬 적게 올랐다. 이는 다른 나라와 차이가 있다. 미국과 영국의 경우 적어도 물가상승률보다는 높았다. 강남의 아파트 값 정도가 1986년부터 2012년까지 419.9% 상승하여 다른 수치와 비교할 만한 정도다. 우리 부동산은 특정 지역만 오르고 나머진 철저하게 소외 당하고 있음을 알 수 있다.

우리나라의 경우 부동산보다 오히려 다른 자산에 분산투자하는 것이 수익률도 높이고 위험도 낮추는 방법이다. 그래서 부동산 자산 비중을 낮추는 것이 절대적으로 필요하다. 특히 나이를 먹으면서는 부동산이 오 히려 짐이 될 수도 있다. 실제 우리나라 고령층의 자산은 대부분 부동산 이어서 현금이 부족한 상황이라 생활에 어려움을 겪는 분들이 아주 많

다. 다양한 자산으로 배분하여 부동산 비중을 다소나마 낮추는 지혜가 필요하다.

부동산은 시점과 지역을 사는 것

부동산학과 교수가 부동산 비중을 줄이라고 하니 다소 의아할 것이다. 이는 일반인들 그리고 국민 전체로 봤을 때 부동산 비중을 줄이라고 하는 것이지, 모두가 그렇게 하라는 것은 아니다. 아직도 좋은 부동산은 널려 있다. 우리가 모를 뿐이지만.

부동산학과에 몸을 담고 있다 보니 제일 많이 듣는 질문이 "앞으로 부동산 시장이 어떨 것 같냐"는 것이다. 이것도 참으로 곤혹스런 질문이다. 그나마 "앞으로 주택가격이 어떻게 될 것 같냐"고 물어보는 사람은 양반이다. 우리나라는 지금까지 큰 탈 없이 모든 부동산이 올랐기 때문에 두 가지 질문에 큰 차이는 없다고 여길 만도 하지만, 앞으로는 정말 조심해야 한다.

이 책에서는 주로 주택가격에 대해서 다루고 있지만, 일반적으로 부동산 상품은 여러 가지다. 주택과 오피스, 상가, 산업·물류, 호텔·레저 등이 있다. 이런 상품들의 가격 움직임이 앞으로는 제각각일 듯하다. 주택가격은 오르는데 오피스텔은 떨어지고, 물류 창고는 고점을 향해 치솟고 있는데 상가는 폭락하는 등 다양한 모습을 보일 가능성이 크다. 즉 부동산 상품마다 경기 사이클이 제각각이라는 말이다.

주택가격도 뜯어보면 골치 아프다. 우리나라는 오래 전부터 아파트 규모 60㎡와 85㎡를 기준으로 정책을 펴왔다. 그래서 주택가격도 60㎡ 이하의 소형주택과 60~85㎡의 주택, 85㎡ 이상 규모의 주택이 각각 다른 움직임을 보였고, 이러한 추세는 더욱 강화될 전망이다. 즉 소형은 폭등하는데 대형은 아무 움직임도 없거나 오히려 빠지는 모습도 나타날 수 있다.

이를 종합하면 부동산의 수많은 상품이 제각각 다른 움직임을 보일 수 있으므로 과거처럼 묻지마 투자를 해선 안 된다는 얘기다. 자칫 낭패를 볼 수 있다.

그리고 모든 상품들은 세계경제 여건, 국내경제 동향, 금리 등 '정책'의 영향을 받게 된다. 지금까진 수요에 비해 공급이 워낙 적어서 무조건 올랐지만, 이젠 다르게 움직일 가능성이 크다. 그래서 시점이 중요하다는 것이다. 물론 시점을 잡기는 무척 어렵다. 외환위기나 금융위기를 예측한 사람이 거의 없듯, 싸게 살 시점을 정확하게 아는 것은 거의 불가능에 가깝다. 다만 앞으로 경제가 좋아질 건지 고용이 늘어날 건지 정도만 고려할 수 있을 것이고, 단기적으로 공급물량이 많은지 아닌지 정도만 판단 가능하기 때문에, 이러한 측면에서 매수시점이 의미를 가진다 할 것이다.

시점을 정확히 파악하는 게 힘들면 지역이라도 잘 택해야 한다. 특히 부동산 시장은 철저하게 지역적 시장을 형성하고 있다. 부동산 투자의 가장 중요한 점이 뭐냐고 물으면 입지Location라고 하고, 그 다음 무엇이 중요하냐고 하면 입지, 세 번째로 중요한 것이 뭐냐고 물어도 입지라는 격언이 있다Location! Location! Location!.

이러한 입지 역시 단순히 '본인이 좋아하는 입지' 정도여서는 안 된다. 모든 사람이 좋아하는 입지여야만 성공할 수 있다. 케인스도 오죽했으면 "미인대회에서 자기가 좋아하는 스타일을 뽑는 것이 아니라 모두가 좋아할 만한 사람을 뽑아야 성공한다"고 하지 않았는가. 지금 현재 사람들이 어떠한 부동산을 좋아하는지 앞으로는 어떻게 될지에 대해 끊임없이 고민해야만 실패를 줄일 수 있고 성공할 수 있을 것이다.

금융위기 이후 지역별 주택가격 변동률 그림을 보자. 2010년과 2011년을 살펴보면 서울과 강남은 0.29%, 0.30% 상승했지만 지방의 주택은

| 지역별 주택매매가격지수의 변동률

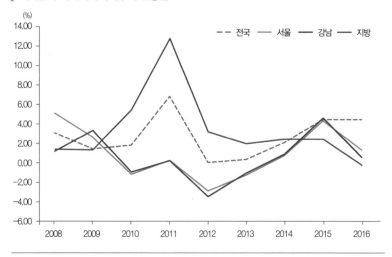

출처: KB국민은행

무려 12.86%나 상승하였다. 이렇듯 강력한 지방상승세는 2015년 이후 수그러들고, 다시 서울과 강남의 상승세가 두드러진다. 지방과 서울의 움직임이 전혀 다르게 나타나고 있는 것이다. 그리고 지방도 부산, 세종, 제주 등과 같이 특별한 호재가 있는 지역과 그렇지 않은 지역은 완전히 다른 움직임을 보여주고 있다.

이럴 때일수록 지역에 대한 이해도가 중요하다. 중장기적으로 지방 산업이 좋아지는지, 고용이 늘어나는지 등을 면밀히 보고 결정해야 할 것이다.

살기 편한 집 VS. 오를 집

주변에서 실수요자라는 사람들을 많이 만나 봤다. 그들은 주택가격이 오르는 것에 큰 관심이 없다고 한다. 그러나 막상 20~30년이 흐른 뒤 다른 사람들의 주택가격은 많이 오르고 자신의 주택가격은 적게 오르거나 오히려 빠지게 되면 불만이 생길 수밖에 없다.

개인적으로 '진정한 실수요자는 없다'고 생각한다. 왜냐면 누구에게나 '거주공간으로서의 주택'라는 개념과, 자기 자산 중에서 가장 큰 자산 비중을 차지하는 '투자재로서의 주택'이라는 개념이 항상 같이 존재하기 때문이다. 물론 정도의 차이는 있지만 말이다. 그래서 살고 있는 동안의 만족도도 중요하지만 나중에 팔 때의 가격도 중요한 것이다. 단순 거주의 개념으로 봤을 때 집은 언제든지 사도 되고, 어디에나 사도 된다.

주택가격 오르는 것에 관심이 없다면 말이다. 그러나 그런 사람은 주변에서 거의 본 적이 없다.

최근 대학교에서 부동산 관련 교육들의 인기가 많다고 한다. 인생에서 가장 큰 비중을 차지하는 자산에 대한 젊은 층의 관심이 커졌기 때문이다. 또 집을 통한 자산 증식이 중요하다고 인식하기 때문이기도 하다. 젊을 때 잘한 판단 몇 번이, 몇 십 년 후 동년배들과 수억 원 이상의 자산 격차를 불러올 수도 있다.

그러한 갈림길의 첫 번째가 '오를 집을 사느냐' 혹은 '살기 편한 집을 사느냐'다. 젊은이들에게는 힘들더라도 되도록 오를 집을 사라고 권한다. 그런데 사람들은 오를 집보다 살기 편한 집을 사는 경우가 대부분이다. 오를 집이 어딘지는 거의 대부분이 알고 있다. 그러나 평형대가 작다느니, 생활비가 비싸다느니, 직장이 멀다느니 하는 각종 이유를 대며 살기 편한 집을 택한다.

그렇게 10년이 지나면 어떻게 될까. 오를 집을 산 사람은 수억 원 이상 올라서 여유가 생긴 데 반해, 편한 집을 산 사람은 너무 조금 오르거나 아니면 주택가격이 떨어진 상태가 되어 상실감에 빠지게 된다. 당장 고생이 되더라도 오를 집을 사는 것이 자산 형성기 사람들에게는 특히 중요하다.

앞으로 부동산은 속된 말로 '장난이 아닐 것'이다. 오르는 지역과 오르는 상품은 계속 오르고, 아닌 지역이나 아닌 상품은 계속 정체 혹은 하락할 것이다. 이젠 어디가 오를지에 대해 개인들이 직접 판단해야 한다.

그런데 우리나라 사람들은 배포가 참 크다. 부동산 중개업소의 말 몇 마디 혹은 지인들의 추천 한두 마디에 수억 원이 넘는 집이나 상가를 덜컥 덜컥 산다. 이러면 망할 수밖에 없다. 생각하는 지역이 왜 좋은지, 왜 발전할 건지, 왜 오를 건지에 대한 본인의 명확한 판단이 설 때까지 투자를 미루는 것이 오히려 나을 것이다. 기본적으로 그 지역에 대한 이해를 충분히 하고 나서, 그리고 주변에 있는 수많은 사람들의 의견을 구하고 나서 집을 사거나 팔아야 한다.

부동산에서는 믿을 사람이 하나도 없다. 그러나 틀린 사람도 하나도 없다. 그러니 스스로 잘 판단해야 한다.

부 동 산   왜   버 는   사 람 만   벌 까

PART

2

대한민국 주택가격,
정말 비싼 걸까?

CHAPTER 1

대도시의 부동산은
원래 비싸다

　어느 나라나 비슷하지만 일반가구의 재산 중 가장 큰 비중을 차지하는 것이 집, 즉 주택이다. 그래서 집에 대한 관심이 높을 수밖에 없다. 한가지 재밌는 사실은 어느 나라나 대도시에 사는 사람들은 '주택가격이 아주 비싸'고 느끼고 있다는 점이다. 세계 모든 대도시들의 공통된 문제인식이다. 특히 우리나라 사람들은 더더욱 그렇게 느낀다. 그래서 상당수의 폭락론자들은 "주택가격이 너무 비싸기 때문에 떨어질 수밖에 없으며, 떨어지면 일본처럼 떨어질 것이다"라고 주장한다.

　국내 시장조사 전문기업인 마크로밀 엠브레인의 트렌드 모니터가 전국의 만19~59세 성인남녀 2,000명을 대상으로 실시한 2016년 부동산가격 인식 설문조사 결과를 보면, 현재 부동산가격이 높은 편이라는 의견이 꾸준히 증가하고 있는 걸로 나온다. 2013년에는 82%였던 것이 2014년에는 88.4%, 그리고 2016년에는 92.3%까지 이르렀다. 여기서도 한 가지 흥미로운 것은 자기 집에 거주하는 사람(88.5%)보다는 전세(96.2%) 및 월세(95.2%) 거주자가 부동산가격이 높은 수준이라는 생각을 하는 경향이 뚜렷하다는 점이다. 그리고 특히 젊은 세대의 경우에는 현재 주택가격보다 더 떨어져야 한다는 생각이 강한 것으로 조사되었다.

여하튼 모두들 주택가격이 너무 올랐다고 한다. 그래서 어떤 사람들은 오래전부터 꾸준히 "폭락이 온다"고 주장하고 있는 것이다. 그렇다. 모두들 우리나라 주택가격은 너무 비싸다고 느낀다. 만약 지금 주택가격이 터무니없이 비싼 것이라면, 앞으로 오르기보다는 떨어질 가능성이 더욱 크다는 뜻이다. 이런 상황에선 외환위기 같은 경제충격이 닥치면 폭락도 가능할 것이기 때문에 정말 주택가격이 비싼지부터 알아봐야 한다.

우리나라 주택가격은 외국에 비해 정말 비싼가?

우리나라 정부는 국민들의 주거환경이 어떤지, 어떤 주택을 좋아하는지, 이사는 언제 했는지, 그리고 주택가격은 어떤지 등을 조사하는 '주거실태조사'를 매년 실시하고 있다. 노인이나 장애인, 저소득층을 대상으로 하는 특수가구조사도 하지만 중요한 것은 국민전체를 대상으로 하는 일반가구조사다.

일반가구조사는 2년마다 하고 있다. 2017년 중순, 국토교통부는 2016

년에 조사한 일반가구 주거실태조사 결과를 발표했다. 이때 언론에 많이 나온 용어가 '가구소득대비 주택가격비율PIR, Price to Income Ratio'이다. 이는 소득이 높은 순서부터 줄을 세웠을 때 한 가운데 위치하는 가구, 즉 중위소득의 가구가 벌어들이는 연소득 대비 주택가격의 중간값 비율을 의미한다. 여기서 주택가격은 평균값이 아닌 중간값을 사용하는데, 이는 주택가격을 높은 순서대로 줄을 세웠을 때 가장 가운데 있는 주택값을 의미한다. 평균값을 쓰지 않고 중간값을 쓰는 이유는 너무 높은 가격이나 너무 높은 소득의 영향을 줄이기 위해서다.

이 비율이 2014년에는 4.7배였는데, 2016년에는 5.6배로 증가했다. 2년 사이에 전국 주택가격이 거의 연봉만큼 올랐다고 볼 수 있는 것이다. 주택가격이 많이 오르긴 올랐다는 게 이 조사에서도 드러난다. 그렇다면 우리나라만 지독하게 비싼지 아니면 다른 나라도 비슷한지를 살펴봐야 할 차례다.

나라 간 비교를 할 때는 각국별로 주택가격을 계산하는 방식에 차이가 있기 때문에 정확한 비교가 힘들다. 따라서 대략적인 추세와 상황을 이해하는 정도만으로 사용해야 한다. 이는 거의 모든 국제 비교에 있어서 공통적 사항이므로 주의해야 한다. 최신 자료를 구하기가 쉽지 않았기에 KB금융지주 경영연구소에서 2013년에 발간한 〈주요국의 주택가격 비교와 시사점〉이라는 보고서를 참고했다.

UN의 인간정주위원회UNCHS(모든 인류에게 적당한 안식처를 제공하고자 하는 목표로 설립된 유엔 산하기구)에서는 PIR값이 3~5 정도가 될 때 적정하다

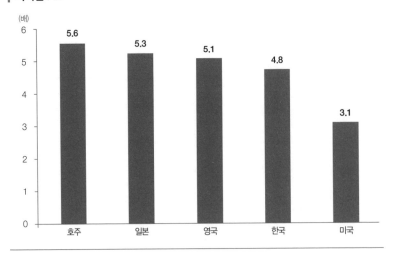

2013년 기준   출처: KB금융지주 경영연구소

고 보는데, 우리나라는 2013년 4.8로 조사되었다. 이 정도는 비교적 양호
한 수준으로 볼 수 있다. 선진국 중에서도 국토가 넓은 미국의 경우 그
값이 3.1로 낮은 편이나 영국, 일본, 호주의 경우 각각 5.1, 5.3, 5.6으로
우리보다 높다. 세계적인 기준으로 우리나라의 주택가격이 비싸다고 말
하긴 곤란하다는 것이 학계의 일반적 의견이다.

이번엔 OECD에서 제공한 국가별 PIR지수를 알아보자(198페이지 '부
록–컬러 그래프 1.' 참조. 명확한 범례 구분을 위해 책 말미에 컬러로 삽입함). 우리나
라의 경우 과거에는 굉장히 높은 수치였으나 지금은 세계 평균보다 약간
낮은 상태다. 여기서 흥미로운 건, 많은 언론들이 "현재 청년들이 단군
이래 가장 힘들다"고 하는데 실제 수치는 그렇지 않다는 점이다. 1960

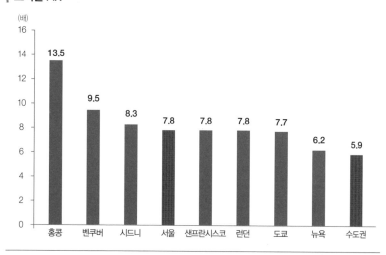

| 도시별 PIR

(배)

2013년 기준

출처: KB금융지주 경영연구소

년대 중반의 PIR값은 지금보다 3배나 높게 형성되어 있어 일반인들은 집을 구입할 엄두도 못 내는 상황이었다. 실업률 역시 1960년대는 7% 대였으니, 2016년 실업률이 아무리 높다고 해봤자 4.9% 수준임을 감안 하면 우리 어르신들은 상대적으로 정말 많은 고생을 했다는 걸 알 수 있다.

다음은 도시권별로 비교를 해보자. 서울의 경우 7.8, 수도권은 5.9로 나타나 높은 수준이다. 대표적으로 높은 수치를 보이는 도시들은 홍콩 13.5, 밴쿠버 9.5, 시드니 8.3, 샌프란시스코 7.8, 런던 7.8, 도쿄 7.7, 뉴욕 6.2로 들 수 있다.

일반적으로 서울의 수치를 다른 도시와 직접 비교하여 서울 주택가격의 심각성을 부각시키곤 하는데, 이는 통계의 오해로 볼 수 있다. 다른 나라의 경우 도시 자체가 아닌, 해당 도시가 포함된 대도시권의 주택가격을 기준으로 산출하고 있으므로 여기에 서울을 직접적으로 비교하는 것은 무리다.

'서울 대도시권'으로 확대할 경우 서울의 7.8과 수도권의 5.9 사이의 값을 취할 가능성이 높다. 그렇다면 다른 대도시권과 비교하여 '월등히 높다'는 결론을 내리긴 쉽지 않다. 오히려 대도시권으로 보았을 때도 세계적 추세와 비슷하다고 결론 내리는 것이 일반적이라고 볼 수 있다(이와 관련해 2012년 이창무 교수 등이 연구하여 〈주택연구〉라는 학술지에 게재한 '소득대비 주택가격 비율PIR의 산정방식 및 그 수준에 대한 국제비교'를 보면 좀 더 자세히 알 수 있다).

한국의 제일 비싼 아파트는?

2015년 부산 해운대구에 위치한 주상복합 아파트 엘시티 더샵의 꼭대기 층인 84층 펜트하우스 분양가가 평당 7,000만 원을 넘기면서 역대 아파트 분양가 중 최고가 기록을 세웠다. 이밖에도 서울에서는 강남 아크로리버파크의 분양가가 5,000만 원을 넘겼다. 참 비싸기도 하다. 여기에 2017년 거래된 최고가 아파트의 평당 가격이 1억 원을 넘어서고 있어 '꼭지점이 아닌가' 하는 생각도 든다.

2014년 언론에서 크게 다루었던 아파트가 있다. 한 국회의원이 전국

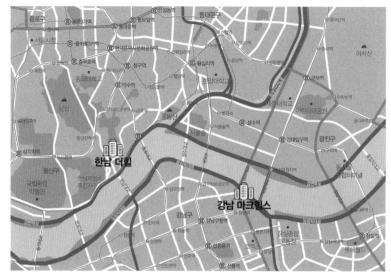

한남 더힐과 강남 마크힐스   출처: 네이버지도

최고가 아파트라고 발표한 강남 마크힐스다. 이곳의 한 아파트(192.86㎡) 가격은 65억 원으로, 평당(3.3㎡) 가격으로 치면 1억 1,141만 원이었다고 한다. 그러나 2016년 거래가 보고된 실거래가를 조사해보니 그렇게 높지는 않았으며 평당 7,500만 원 내외였다. 아무리 그래도 비싸긴 비싸다.

인터넷에서 검색을 해보면 '제일 비싼 아파트'로 한남 더힐이 뜨곤 한다. 대략 '평당 1억 원'이라고 많이 이야기하는데, 2016년과 2017년 실거래가 자료를 살펴보니, 평당 1억 1,018만 원에 거래된 건이 하나 있고 나머지는 대부분 평당 7,000만~8,000만 원선에서 거래되고 있었다. 여하튼 우리나라에서 제일 비싼 아파트는 평당 1억 원 정도로 보면 무난할 것 같다. 이들 아파트의 특징은 '한강을 조망할 수 있다'는 점과 '대형평

강남 마크힐스 전경과 내부 모습   출처: 매경DB

한남 더힐 전경   출처: 매경DB

형이 많아서 부자들이 모여 살 수 있다'는 점이다.

외국의 비싼 집은 얼마나 비싼가?

문득 '외국의 대도시 아파트는 얼마나 비쌀까' 싶어 구글 검색을 통해 조사해본 적이 있다. 단독주택의 경우는 대규모 저택 등이 포함되어 있기에 단순 비교가 어렵다. 그래서 아파트와 펜트하우스를 중심으로 조사하였고, 평당 가격으로 환산하여 분석한 표를 이번 챕터 마지막에 실었다. 여기서 사용한 값은 '인터넷 검색'이라는 한계 때문에 정확하진 않지만 개략적으로 살펴보는 데는 도움이 될 것이다.

세계에서 가장 비싼 아파트는 텔아비브에 있는 것으로 조사되었다. 우리나라의 평(3.3㎡)으로 환산하여 평당 가격을 계산해보니 52만 9,101달러였다. 구글로 조사한 시점이 2016년이기에 당시 기준 환율인 1,161원을 적용하면 평당 6억 원이 넘는 금액이다. 이스라엘의 1인당 GDP가 2016년 기준으로 3만 5,905달러였으니 어마어마한 수준이다.

다음으로는 시드니와 뉴욕, 도쿄, 런던 순으로 이어졌다. 서울은 평당 1억 1,648만 원으로 조사되었다. 이렇게 보니 별로 비싸지 않다는 느낌도 든다. 다시 단순가격이 아닌 1인당 GDP와 최고가의 관계를 살펴보았다. 우리나라는 3.9 정도이고, 우리보다 월등하게 높은 도시들이 많이 있음을 알 수 있었다. 이젠 정말 우리나라 최고가 주택이 상대적으로 비싸지 않다는 느낌이 강하게 든다.

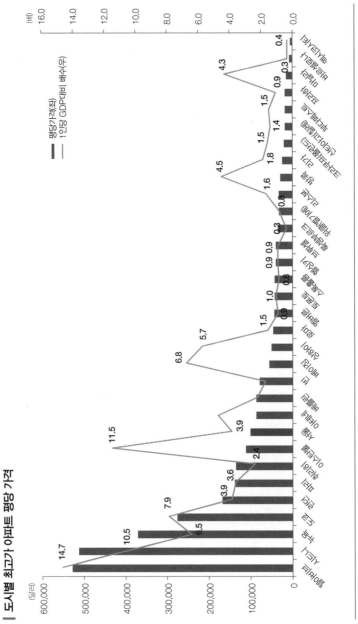

| 도시별 최고가 아파트 평당 가격

평당가격(좌)
1인당 GDP대비 배수(우)

출처: 구글 검색

선진국 도시의 1인당 소득이 4만 달러 내외임을 감안하더라도 우리보다 월등히 비쌈을 알 수 있다. 세계 어느 도시를 보더라도 대도시의 주택가격은 항상 비싸다. 네덜란드에서 과거 347년 동안 주택가격을 조사한 경우를 보더라도, 대도시는 일시적 가격 조정을 겪으면서도 지속적으로 가격이 상승한 것으로 나타난다. 즉 해외 대도시의 경우 가격의 부침은 있을지언정 꾸준한 상승이 예상된다.

이렇게 본다면 우리나라 주택가격에 대한 새로운 해석이 가능해진다.

'과연 정말 비싼 것일까?'

물론 주택가격의 적정성은 단순히 가격과 소득을 비교하는 것으로 판단하기 곤란한 측면이 있다. 가계의 지출 구성, 물가, GDP 대비 자산가치 수준 등 다양한 요인을 감안해야 적정한지 아닌지 판단할 수 있을 것이다. 그러나 그 어떤 기준으로 보더라도 최소한 '서울 주택가격이 다른 나라 대도시보다 비싸다'고 말하기는 곤란하다고 할 수 있다.

2016년 11월 홍콩의 고급 아파트가 아시아 지역에서 가장 비싼 값에 거래된 것으로 나타났다. 평당 한화 약 5억 5,500만 원 선이었다. 홍콩섬 피크 지역에 있는 마운트 니컬슨 아파트인데, 16층에 위치한 집이 9억 1,200만 홍콩달러에 거래되었다.

도대체 비싼 집들은 어디까지 비싼지 궁금해졌다. 그래서 영국 런던과 미국 뉴욕 맨해튼, 일본 도쿄, 중국의 베이징, 상하이, 선전의 최고가 아파트를 조사했다. 정말 어마어마하게 비싼 집들이다. 2017년 초 현지인들에게 직접 문의하여 조사했는데, 앞서 언급한 구글 검색의 결과와는 차이가 좀 있었다. 특히 중국의 차이가 큰데, 조사방식의 차이인 만큼 그대로 사용하고자 한다.

런던의 최고가 아파트

런던의 최고가 아파트는 21 체샴 플레이스Chesham Place로 조사되었다. 2014년 523㎡의 집이 약 4,601만 파운드에 팔렸다. 당시 환율인 파운드 당 1,720원을 적용하면 한화로 무려 791억 원이고, 평당 가격은 5억 원 선으로 거래되었다.

그 외에 가장 비싼 아파트로 많이 회자된 원 하이드 파크One Hyde Park 가 있다. 이 아파트는 2012년 거래된 적이 있는데, 321㎡의 집이 2,500 만 파운드, 당시 환율인 파운드당 1,820원을 적용하면 455억 원에 이 르렀다. 평당 가격은 4억 6,858만 원이다. 이 아파트가 현재는 값이 많 이 떨어진 상태인데, 2017년 현재 나와 있는 매물을 살펴보면 781㎡와 306㎡ 각각의 가격이 5,500만 파운드와 1,800만 파운드다. 현재 환율로 살펴보면 평당 3억 3,000만 원과 2억 7,613만 원 정도다. 환율이 많이 떨 어져서 그렇지 최고가 시절 평당 25만 7,460파운드에 거래되던 것이 지 금 23만 2,800파운드와 19만 4,458파운드가 된 것으로 그리 많이 떨어 진 가격은 아닌 것으로 보인다. 최고가를 기록한 아파트의 층수와 평형 이 다르기 때문에 더욱 그러하다.

21 체샴 플레이스 ⓒ Steve Cadman

원 하이드 파크 ⓒ Rob Deutscher

뉴욕 맨해튼의 최고가 아파트

이번엔 2016년에 부동산 관련 기사로 많이 나왔던 맨해튼의 최고가 아파트 이야기다. 2017년 매물로 나올 예정인 센트럴파크 사우스의 펜트하우스가 2억 5,000만 달러로 책정되었다. 당시 환율인 달러당 1,200원을 적용하면 한화로 약 3,000억 원이다. 4개 층을 하나로 사용하는 펜트하우스인데 연면적이 2,137㎡에 평당 가격은 4억 6,407만 원 정도다. 게다가 월 관리비가 최소 5,356만 원에 연간 세금은 8억 원 정도라니 어마어마하다.

세계적 대도시의 최고가 아파트는 어느 정도 비슷한 느낌이 든다. 홍콩과 런던, 맨해튼이 모두 평당 가격으로 환산하면 5억 원 내외에 형성되어 있기 때문이다.

최근 미국의 지인을 통해 맨해튼 최고가 아파트 시황을 알아보았다. 몇 개의 아파트 자료를 보내왔는데, 1 센트럴파크 사우스1 Central Park South와 15 센트럴파크 웨스트15 Central Park West, 432 파크 애비뉴432 Park Avenue다.

1 센트럴파크 사우스는 최근 114평 정도의 아파트가 4,800만 달러, 지금 환율 1,125원으로 계산해 540억 원, 평당 가격은 4억 7,368만 원에 거래되었다. 432 파크 애비뉴는 111평 아파트가 4,025만 달러로 한화 453억 원, 평당 4억 800만 원에 이른다. 아무리 비싸다고 해도 아파트 치곤 가격이 지나치게 높다. 15 센트럴파크 웨스트는 이보다 더 높다. 2012년에 거래된 것을 보면 190평 아파트가 8,800만 달러, 약 990억 원

1 센트럴파크 사우스

15 센트럴파크 웨스트 ⓒ Peter Bond

432 파크 애비뉴 ⓒ Citizen59

에 팔렸다. 평당 가격은 5억 2,243만 원 정도다. 이를 통해 센트럴파크가 맨해튼의 주택가격 형성에 중요한 역할을 하고 있음을 알 수 있다.

사실 런던이나 뉴욕, 홍콩 최고급주택의 경우 내국인보다는 해외의 세계적 부호들이 사놓는 경우가 많아서 가격이 천정부지로 책정되는 경향이 있다. 그럼 이제는 런던이나 뉴욕, 홍콩보다는 상대적으로 (국제도시 개념에서) 급이 떨어지는 일본과 중국 사례를 보도록 하자.

도쿄의 최고가 아파트

일본 역시 지인을 통해 조사했다. 조사의 한계는 있지만 이 책에선 대략적인 추세 파악이 목적이니 사용하는 데 무리가 없을 것이다.

일본 최고 부동산회사인 미츠이 부동산이 지은 타워형 아파트가 최고가로 조사되었다. 파크코트 아카사카 히노키쵸 더 타워다. 2018년 2월 분양 예정으로 지상 44층 건물인데 도심 내 대형복합시설인 미드타운에 인접하여 건설되고 있다. 분양가는 소형과 대형이 같이 있어서 일률적이지 않으나 최고가 15억 엔으로 책정되었다. 이는 '버블기 이

파크코트 아카사카 히노키쵸 더 타워
© 파크코트 아카사카 히노키쵸 더 타워 공식 홈페이지

후 최고가'로 평가받고 있다. 최고가 아파트는 평당 가격이 2,430만 엔으로 2017년 중순 환율 100엔당 약 983원으로 환산하면 2억 3,890만 원이다.

중국의 최고가 아파트

중국의 경우 아주 드라마틱하다. 베이징의 타이허 중국정원泰禾 中国院子이 베이징에서 제일 비싼 것으로 조사되었다. 최고 분양가는 632.93 ㎡ 주택이 3억 위안으로 2017년 중순 환율(1위안 170원)로 환산하면 대략 500억 원 정도다. 그런데 이를 평당 가격으로 환산하면 무려 2억 6,139만 원에 이른다.

상하이에서 가장 비싼 아파트는 이공관壹公馆으로 면적이 나오지 않아서 계산이 불가하였으나 한화로 500억 4,600만 원에 달했다. 홍콩 인근의 최초 경제특구 선전의 경우는 동해국제아파트의 가격이 한화로 483억 7,780만 원이었다. 면적이 정확하지 않아서 평당 가격은 산출할 수 없었으나 최고가를 최대 평형 아파트의 면적으로 나누어 계산해보니 무려 7억 9,960만 원이나 되었다. 아마 세계 최고가가 아닌가 싶다.

세계적 대도시 대비 우리나라 주택가격, 오히려 싼 편이다

앞서 국가별 도시별로 소득대비 주택가격, 즉 PIR를 살펴본 결론은

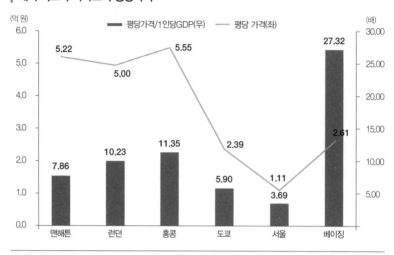

(억 원)   ■ 평당가격/1인당GDP(우)   — 평당 가격(좌)   (배)

	맨해튼	런던	홍콩	도쿄	서울	베이징
평당 가격(좌)	5.22	5.00	5.55	2.39	1.11	2.61
평당가격/1인당GDP(우)	7.86	10.23	11.35	5.90	3.69	27.32

출처: 구글 검색

'우리나라 주택가격이 우리가 느끼듯 아주 비싼 것은 아니다'였다. 하긴 세계 어디를 가도 주택가격이 싼 나라는 찾기 힘들다. 특히 대도시에서 주택가격이 싼 나라는 찾기가 거의 불가능하다.

　최종적으로 주요 도시별 최고가 아파트의 가격과 각 나라의 1인당 GDP를 구해서 살펴보자. 최고가 아파트의 평당 가격이 GDP의 몇 배 나 되는지 계산해보면 놀라운 결과가 나온다. 경제가 장기간 침체를 면 치 못했던 도쿄조차도 최고가 아파트의 평당 가격은 1인당 GDP의 5.9 배나 된다. 런던과 맨해튼, 홍콩은 대략 10배 내외이고, 중국은 훨씬 높 게 나타난다.

　서울은 3.69배로 비교 대상 중 월등하게 낮게 나타났다. 비교 대상이 엄밀하게 정해진 것은 아니어서 일반화된 이론으로 다루긴 곤란하지만, 이들 도시만을 보았을 때 서울의 최고가 아파트는 아주 싸게 느껴진다. 절대 가격도 비교 도시들보다 월등히 저렴하고, 평당 가격을 1인당 GDP로 나눈 값도 현저하게 낮은 것으로 나타났다.

이는 곧 '서울의 최고가 아파트는 가격 상승 여력이 있어 보인다'는 말과 통한다. 좀 더 나아가 해석하자면 '강남 혹은 한강변의 고급 아파트는 앞으로 더 오를 것 같아 보인다'고 할 수 있다.

한 가지 짚고 넘어갈 점은 중국의 경우다. 중국 부동산은 버블이 우려될 정도로 아주 높게 형성되어 있다는 것이 일반적인 중론인데, 실제 수치를 그래프로 그려봐도 같은 결과가 나타난다. 중국의 일부 도시가 아무리 국제화된 도시이고, 경제적으로 활황을 보인다고 해도 지나치게 높다. 이는 이후 버블 붕괴로 연결될 가능성이 상당히 높다는 점을 의미한다.

세계 도시별 최고가 아파트 혹은 펜트하우스 가격은 얼마?

(단위: 달러)

도시	가격	면적(제곱피트)	평당가격	2016년 1인당 GDP
텔아비브	40,000,000	2,691	529,101	35,905
시드니	27,500,000	1,900	514,981	49,145
뉴욕	125,000,000	12,000	370,700	57,220
도쿄	19,300,000	2,490	276,109	34,871
런던	50,590,000	10,990	163,828	42,106
파리	33,400,000	8,600	138,188	38,173
취리히	18,317,400	4,844	134,588	57,220
이스탄불	10,000,000	3,229	110,254	9,562
서울	7,404,143	2,627	100,327	25,990
아테네	10,500,000	4,306	86,777	18,035
베를린	13,351,091	5,479	86,752	41,895
빈	8,791,100	4,036	77,523	44,778
베이징	12,353,500	7,836	56,101	8,240
상하이	6,779,300	5,145	46,883	8,240
로마	13,353,600	10,549	45,053	30,232
멜버른	4,975,300	4,080	43,414	49,145
토론토	3,034,300	2,551	42,319	40,409
스톡홀름	2,942,100	2,594	40,413	51,136
헬싱키	2,720,200	2,497	38,860	42,654
브뤼셀	2,169,900	2,142	36,045	40,688
룩셈부르크	3,215,900	3,218	35,574	104,359
위클(벨기에)	4,000,600	4,349	32,738	40,688
리스본	9,458,800	10,441	32,239	19,684
방콕	1,750,000	2,314	26,923	5,940
리가	3,187,300	4,402	25,766	14,259
크라쿠프(폴란드)	2,451,400	4,585	19,033	12,460
산티아고(칠레)	1,100,000	2,164	18,092	12,938
부다페스트	31,873,900	64,583	17,562	11,970
프라하	6,045,000	12,917	16,653	17,543
마닐라	682,000	1,884	12,892	2,978
바르셀로나	28,576,600	131,320	7,744	26,823
멕시코시티	9,505,700	112,817	2,999	8,415

평당가격 순으로 정렬   출처: 2016년 10월 구글 검색

CHAPTER 2

우리나라 주택가격은
얼마만큼 올랐는가?

2015년 말에 한국은행에서 〈우리나라의 토지자산 장기시계열 추정〉 이라는 보고서가 발간되었다. 우리나라 땅값이 지난 50년 동안 3,030배 올랐다는 내용이 화제가 되었다.

우리나라의 명목 토지자산 가격 총액이 1964년 1.93조 원에서 2013년 말 5,848조 원으로 증가했으니, 49년 동안 땅값이 3,030배 오른 셈이다. 세부적으로 보면 대지가격이 5,600억 원에서 2,971조 8,000억 원으로 5,307배 올랐다. 조사 기간 중 공장용지는 1976년 이후 4만 714배, 기타 4,459배가 급등했고, 전(1,333배), 답(883배), 임야(2,018배) 등은 상대적으로 증가폭이 낮게 나타났다. 또한 토지의 제곱미터(㎡)당 평균가격은 1964년 19.6원에서 2013년 5만 8,325원으로 상승해 2,976배 올랐다고 추정했다.

참 많이 올랐다.

비록 과거이긴 하나 2007년 당시 토지가격이 우리나라 면적의 100배에 달하는 캐나다 전체를 두 번 사고도 남을 정도라는 이야기가 나온 적도 있다. 미국과 일본, 프랑스 등 선진국들의 경우 지가 총액이 GDP의 2~3배 정도인 데 반해 우리나라는 2015년 기준으로 4.2배나 되니, 아무리 봐도 비싼 편이다.

이렇게 부동산이 비싸게 형성되면 경제활동을 하는 데 부담이 되어 성장률 정체가 나타날 수 있다. 또 개인이 집을 사는 것 역시 힘들게 되어 노동생산성까지 떨어질 수 있다고 한다. 일반적으로 지가 총액은 국내총생산액과 비슷한 수준이 바람직하다고 얘기한다. 우리는 이를 한참 넘어서고 있어 걱정이다. 일본의 경우도 과거 버블이 한창이었던 1987년 말 토지를 포함한 고정자산 총액이 1,720조 엔으로 일본보다 국토면적이 25배나 넓은 미국 토지가격 총액의 4배를 넘기기도 하였다. 이러한 상황은 오래가지 못했고, 거품은 급격히 붕괴되었다.

하지만 우리가 너무 걱정할 일은 아닌 듯하다. 토지를 효율적으로 사용한다면 극복 못할 일은 아니라는 말이다. 토지를 밀도 있게, 그리고 복합적으로 이용한다면 비록 지가가 높더라도 이를 극복해 성장은 유지할 수 있을 것으로 보인다. 이는 수많은 세계적 대도시가 비싼 지가에도 불구하고 경제성장을 이끌고 있다는 점에서 알 수 있다.

이제 우리나라 주택가격에 대해 알아보자. 가장 오랜 기간 지수를 산정한 KB주택매매가격지수를 토대로 분석해보았다.

1986년~2016년 주택매매가격지수와 아파트매매가격지수의 변화

구분		평균 상승률	최고 상승률	최저 상승률
주택 매매가격 지수	전국	3.73%	21.04%	−12.37%
	서울	3.89%	24.25%	−13.24%
	강남	4.95%	28.96%	−15.28%
아파트 매매가격 지수	전국	5.54%	32.28%	−13.56%
	서울	5.95%	37.62%	−14.60%
	강남	6.48%	38.85%	−13.48%

주택매매가격지수의 변화

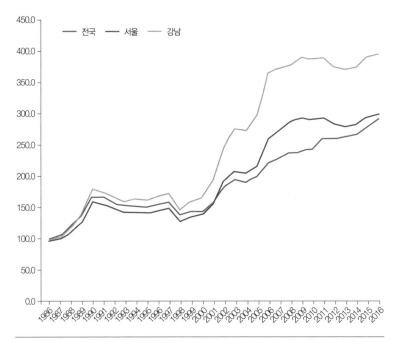

1986년=100

출처: KB국민은행

전국 주택가격은 1986년부터 2016년까지 연평균 3.73% 상승하여 292.4를 찍었다. 이 기간 동안 통계청의 물가상승률 자료를 살펴보니 평균 3.9%로 나와 있다. 일반적인 우리 상식과는 다르게 물가상승률을 감안하면 주택가격은 오히려 빠진 것으로 나타난다.

가장 많이 상승한 해는 1990년으로 1989년 정부에서 전세계약을 2년으로 연장하는 정책을 추진했기 때문에 폭등한 것으로 보인다. 하지만 그 다음해부터 오히려 주택가격이 빠지는 것을 보면 전세계약 연장에 대해 시장이 과민하게 반응한 것으로 보인다. 가장 많이 빠진 시기는 외환위기 때로 강남의 경우 무려 15.28%나 빠졌다. 돌이켜 보면 이때가 매수 최적기였음을 알 수 있다.

다음 페이지 그림은 각 연도별로 주택가격 상승률에서 물가상승률을 뺀 그림이다(실질 주택매매가격지수). 30년 동안 전국 주택가격이 최종적으로는 오히려 9.3% 떨어진 것으로 나온다.

이번엔 연평균으로 보자. 물가상승률을 제외한 전국 주택가격은 연평균 −0.08% 빠졌고, 서울의 상승률은 물가상승률과 거의 유사한 연평균 0.00097%이며, 강남의 경우 연평균 1.19%다. 그나마 서울이 정확히 딱 그 자리에 있어서 본전치기다. 신기할 정도로 물가상승률과 거의 일치하고 있다. 서울이 빠지지 않았는데 전국이 빠진 점을 감안하면 지방은 더더욱 많이 빠졌음을 알 수 있다. 특히 지방 중에서도 대도시를 제외한 곳은 아주 큰 폭으로 빠졌다.

일반적으로 부동산은 '지역Location과 시기Timing를 사는 것'이라 하는

1986년=100 　　　　　　　　　　　　　　　　　　　　　　출처: KB국민은행

데, 묻지마 식으로 아무 지역, 아무 시기에 산 사람들은 오랫동안 고생
할 가능성이 높다는 것을 느낄 수 있을 것이다. 극단적으로, 1990년에
집을 산 사람은 계속 손실을 보다가 11년 반이 걸린 2002년 즈음에 본
전이 된다. 그러나 물가상승률을 감안할 경우 2016년 현재까지도 본전
을 찾지 못한 상황이다.

　이제 아파트매매가격지수를 살펴보자. 아파트는 모든 주택을 한꺼번
에 다룬 것보다 더 급격하다. 일단 가격 상승률 자체가 높아서, 다른 주
택들보다 투자에 훨씬 유리하다. 우리나라 사람들이 아파트를 좋아하는
것에는 이유가 있었던 것이다. 다만 변동폭이 크기 때문에 시점을 잘못
택해 구입하면 단독주택에 비해 더 큰 손실을 감수해야 한다는 단점이

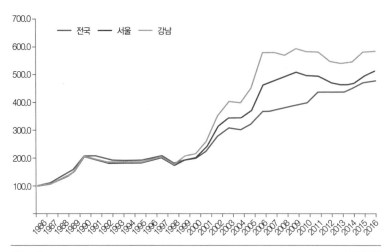

1986년=100   출처: KB국민은행

있다.

　모든 주택을 다룬 주택매매가격지수가 30년간 연평균 3.73% 상승하였
는데, 같은 기간 동안 아파트매매가격지수는 연평균 5.54%나 상승하였
다. 거의 13년마다 두 배씩 오른 셈이다. 강남의 상승률은 더욱 높다. 연
평균 6.48%씩 올라서 30년간 5.83배로 오른 상태이다. 많은 사람들이 상
식적으로 알고 있듯 일반 주택보다는 아파트가, 그중에서도 강남의 아파
트가 가장 많이 오른 것을 알 수 있다.

　각 연도별 물가상승률을 뺀 실질 아파트 가격의 변화를 살펴보면 앞
서 알아본 실질 주택매매가격지수와 다른 그림이 나타난다. 즉 모든 지
역에서 상승한 것으로 나온다. 이제야 상식과 비슷한 그림이 나온 것이

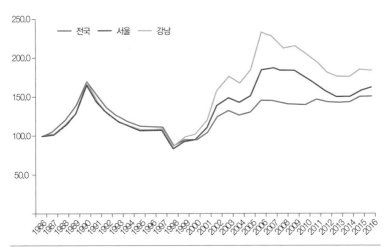

1986년=100   출처: KB국민은행

다. 1990년대의 200만 호 건설 및 입주, 그리고 외환위기 때를 제외하곤 꾸준히 상승했으며, 특히 강남과 서울의 아파트 가격이 많이 올랐음을 나타내고 있다. 이러한 경험을 바탕으로 최근에도 서울과 강남의 주택가격은 계속 오르고 있고, 전국은 지지부진한 상황을 연출하고 있는 것으로 보인다.

세계적으로 주택가격은 어떻게 움직였나?

해외의 주택가격이 어떻게 움직였는지 살펴보기 위해서 OECD(경제협력개발기구) 자료를 찾아보았다(199페이지 '부록—컬러 그래프 2.' 참조. 명확한 범례 구분을 위해 책 말미에 컬러로 삽입함). 우리나라의 경우 예상과 달리 굉장히 안정적으로 움직였음을 알 수 있다. 거의 중간 정도 위치를 계속 고수하고 있다. 눈길이 가는 건, 우리가 많이 관심을 갖고 있는 일본의 경우다. 오랜 기간 동안 꾸준하고도 장기적인 침체를 보여주고 있으며, 다른 나라들과 비교하면 매우 특이한 상황임을 알 수 있다. 과연 우리가 '유독 특이한 케이스'로 보이는 일본을 따라 폭락할 지는 두고 볼 일이지만, 여하튼 일본이 세계적으로도 아주 독특한 상황을 겪었음은 분명해 보인다.

주목할 만한 점은 2000년대 중반에 라트비아, 에스토니아, 리투아니아 등이 폭등하였다가 제자리를 찾아갔다는 것이다. 그리고 전반적으로 2000년대 상승세를 보이다가 금융위기 때 조정을 받는 모습을 보이고 있다. 금융위기 이후에는 인도처럼 급등하는 나라도 있고, 브라질처럼 정치·경제 불안에 따라 급등락을 반복하는 나라, 러시아처럼 급락 후 조정을 보이는 나라도 있으나 대체적으로는 상승세를 보이고 있다.

우리나라의 경우 급등했을 것이라는 인식과 달리 아주 안정적인 모습을 보여주고 있다. 유럽, 미국과 같은 선진국들의 주택가격을 연구한 몇몇 연구결과에서도 우리나라는 주택가격이 아주 안정적인 나라임이 입증되어 있다.

지금까지를 요약해보면, 우리나라 주택가격은 세계적으로 비교해 보았을 때 그리 비싼 편이 아니고, 최고가 주택을 비교할 때는 오히려 싼 느낌이 들 정도다. 많은 사람들은 '2000년대 우리나라 부동산가격이 폭등했다'고 주장한다. 하지만 당시 미국과 영국, 스페인 등은 우리보다 훨씬 더 많이 올랐고, 금융위기 이후에는 훨씬 더 떨어졌다. 이에 반해 우리나라 주택가격은 세계에서 보기 힘들 정도로 안정적이며, 가격도 정상적인 수준으로 보인다. 즉 폭락론에서 주장하듯 "지금 너무 비싸기 때문에 앞으로 주택가격이 떨어질 것이다"라고 보기 힘들다.

주택가격에 목매는 한국인

우리나라 사람이 가진 자산 중에서 부동산이 차지하는 비중이 지나치게 높다는 우려의 목소리가 많다. 전체 국부에서 대략 75% 정도가 부동산자산으로 구성되어 있다. 2015년을 기준으로 통계청에서 발표한 국민대차대조표에서 전체 토지가는 6,575조 원, 주거용 건물은 1,243조 원, 비주거용 건물은 1,318조 원으로 나타난다. 2015년 당해 국내총생산이 1,564조 원임을 감안하면 세계적으로도 높은 수준이다. 그리고 통계청에서 제시하고 있는 2015년 기준 우리나라 주택 시가총액은 3,519조 원이나 된다. 전 국민이 부동산에 올인하고 있는 형국이다.

과거 외환위기와 금융위기에서도 우리나라 부동산 시장은 선방하였기 때문인지, 한국의 '부동산 불패신화'는 진행형으로 계속 이어지고 있는 듯하다. 그런데 최근 10년 전부터 조금씩 변화가 일어나고 있다. 가계자산은 크게 부동산을 포함한 '비금융자산'과 '금융자산'으로 구분할 수 있다. 그 중 비금융자산의 비중을 살펴보면, 1990년대와 2000년대

(단위: %)

구분	한국	미국	일본	영국	호주
비금융자산	75.1	29.3	39.9	50.4	60.4
금융자산	24.9	70.7	60.1	49.6	39.6

자료: 한국은행, 2014 주요국 가계금융자산비교, 2014년 7월 28일

초반까지 80% 이상을 유지하던 것이 2005년 86%를 정점으로 떨어지기 시작했다. 2012년 기준으로 보면 75.1%까지 떨어져 있는 상태이다. 그러나 아직은 이 비중이 너무 높다. 한국은행이 2014년에 발표한 주요국 가계자산 구성을 살펴보면 위의 표와 같다.

미국의 비금융자산 비중이 29.3%로 가장 낮은 반면 금융자산 비중은 가장 높았다. 일본과 호주, 영국을 살펴봐도 우리의 비금융자산 비중이 높은 편임을 알 수 있다. 비금융자산이 비교적 높은 영국과 호주의 경우도 금융자산 중 보험·연금의 비중이 높아 현금·예금 위주의 한국과는 상당히 다르게 자산이 구성되어 있다.

이처럼 비금융자산 비중이 높기에 우리나라 국민들은 부동산가격에 유독 민감히 반응한다. 부동산가격이 조금만 움직여도 개인자산 전체가 휘청할 정도니 민감할 수밖에 없는 구조다. 조금 오르면 자산이 늘면서 소비 역시 늘어나고, 급락하면 자산변동성이 커져 소비가 급랭하게 된다. 이런 상황이니 정부에서 '내수경제 활성화'를 경제 살리기의 핵심으로 내걸면서 동시에 부동산을 주요 정책으로 다루는 것이 이해가 간다. 선진국들과 비교해 봐도 부동산 정책을 1년에 몇 번씩 내놓는 나라는

유독 우리나라밖에 없다는 점에서 정책 입안자들에게 측은한 마음마저 든다.

비정상적으로 높은 부동산자산 편중현상은 향후 경제전망 불투명으로 인해 더욱 가계소비 증가에 악영향을 끼칠 가능성이 크다. 특히 나이가 들어감에도 높은 비중을 유지할 경우, 유동성과 환금성이 떨어지기 때문에 노년층 생활의 질을 악화시킬 수 있다.

지금부터라도 부동산자산 비중을 줄여 경제 급변에 따른 위험을 낮추고, 개개인의 소비를 감안한 자산배분을 해야 할 때다. 늦추면 늦출수록 가계 경제는 악화될 가능성이 높으니 한시 빨리 조정해야 할 부분이다.

더 들여다보기

이제는 부동산 외의 자산관리에도 신경 써야 한다

2008년 금융위기 당시, 우리나라는 부동산 폭락에 대한 두려움으로 온 나라가 떠들썩했다. 폭락을 예상하는 이유도 여러 가지였다. 인구가 줄어든다는 예측부터 고령화, 베이비부머 은퇴 등 참으로 다양한 이유의 위기론이 나왔다.

그러나 금융위기 당시 우리나라의 주택가격지수를 보면, 세계적으로 유례를 찾아보기 힘들 정도로 안정적 흐름을 보였다. 미국의 경우 2006년 2분기 고점에서 계속 하락해 2011년 4분기까지 34% 빠졌고, 영국은 2007년 3분기 고점에서 2009년 1분기 최저점까지 18%, 스페인도 2007년 3분기 고점에서 2011년 4분기까지 25%나 하락하였다.

우리나라의 경우는 2008년 3분기 고점에서 2009년 1분기 저점까지 2.3% 빠졌다가 2011년 4분기까지 다시 11.8% 상승한 것으로 나타난다(KB주택매매가격지수). 실제 부동산가격만을 보았을 때 글로벌 금융위기가 있었나 싶을 정도로 안정적인 가격 흐름을 보여준 것이다. 물론 지역별로 흐름이 달라 실제 체감하는 부동산가격은 다를 수 있으나 실제 지표는 아주 안정적이었다.

이렇듯 '약간의 조정'임에도 불구하고 우리는 다른 나라 상황에 빗대어 "우리도 그렇게 될 것"이라고 섣불리 예측하였다. 거기에 더하여 글로벌 금융위기 이전부터 몸살을 앓아왔던 일본의 '잃어버린 20년'을 생각하며 추가 폭락을 걱정했다. 몇 년 전부터는 추후 경제 저성장과 함께 주택가격의 추가 상승이 힘들 것으로 예상돼 전세금이 폭등하는 경우도 있다. 그러면서도 2014년부터는 분양 시장 및 재건축 시장을 시작으로 부동산가격이 상승하는 저력을 보여주었다.

거꾸로 가는 자산배분

이미 시작된 베이비붐 세대(1955~1963년생)의 은퇴도 고민을 가중시키고 있다. 당초 부동산 폭락을 주장하는 사람들이 내세웠던 주요 근거인 '베이비부머의 은퇴'는 이미 2010년부터 시작되었다. 그들은 베이비부머가 은퇴하자마자 집을 모두 다 팔 것이라고 예상했다. 이로 인해 시장에 공급이 늘어나 부동산가격이 폭락한다는 주장이었다.

그러나 2010년부터 시작된 은퇴로 인한 효과는 아직까지도(2015년 현재) 나타나지 않고 있다. 이들이 은퇴했다 해서 바로 부동산을 처분해 생활비를 마련하는 것이 아니었던 것이다. 은퇴 후 상당기간이 경과한 시점에야 매각을 저울질하게 되는 것이다. 즉 베이비부머의 은퇴로 인한 효과도 몇 년 후의 문제인 셈이다. 진정한 위기는 다른 곳에 있다.

가계의 생애주기에 따른 자산배분 관련 이론을 살펴보자. 실물자산 중 가장 중요한 부분인 주택을 구매하기 전까지는 금융 투자를 통해 자산을 축적하다가 주택을 마련한 직후 실물자산 비중이 최고조에 이르고, 이후 다시 금융자산 비중이 증가하는 형태를 취한다. 즉 근로 소득 등이 계속해서 발생하는 주택 구매 시점에는 부동산의 비중이 높고, 나이가 들어감에 따라 금융자산 비중이 높아져서 노년층이 되었을 때는 금융자산 수익으로 생활해 나간다는 의미다. 실제로 미국과 일본의 경우, 약간의 차이가 있으나 연령이 높아질수록 금융자산의 비중이 높아지는 형태를 보인다.

그런데 우리나라는 연령이 높아질수록 실물자산의 비중이 계속해서 늘어나는 기이한 형태를 보여주고 있다. 60대 이후에 부동산을 포함한 실물자산 비중이 80% 후반에 이를 정도로 부동산에 자산이 치우쳐 있다. 이는 주택가격이 지속적으로 상승할 것이라는 기대에 따른 것으로 볼 수 있다. 그러나 연령이 70대에 이르기까지 부동산 자산이 계속 늘어난다는 점은 노년층이 유동성 제약에 빠질 가능성이 높음을 나타낸다. 또 실제 체감하는 생활의 질이 그리 높지 않음을 암시하고 있다.

이제는 부동산에 몰방하기보다 미래를 대비해야

흔히 자산을 말할 때 부동산과 주식, 채권을 많이 이야기한다. 이중에서 주식은 변동성이 심하지만 수익률이 가장 높다 하고, 채권은 수익률이 낮은 대신 안정적 자산이라고 평가한다. 부동산은 이 둘의 중간 정도 안정성과 수익률을 나타낸다고 알려져 있다. 이렇게 자산별 리스크와 수익이 차이를 보이기 때문에 개인의 투자비중도 연령대에 맞게 분배되는 것이 바람직해 보인다.

실제 우리나라에서 종합주가지수가 산정된 후 30년간 누적 투자수익률을 따져 보았을 때 주식의 투자수익률은 28배, 채권은 16배, 부동산은 5배 정도로 나타나고 있다. 물론 평균적으로 그렇다는 말이긴 하지만 부동산에 대한 과도한 비중은 향후 시장 전체에 좋지 않은 영향을 끼칠 수 있고, 개인들에게도 부담으로 돌아올 가능성이 높다.

최근 500년 정도의 자본주의 역사를 다룬 저술들을 살펴보면 부동산이 특별히 안정적 자산이라는 평가를 내리긴 어렵다. 우리로서는 그동안 워낙 고속성장을 이루었고, 부동산가격이 급격히 내린 적이 없기에 쉽게 수긍하기 어려울 수 있다. 하지만 장기적으로 보았을 때 부동산 역시 변동성이 있는 자산이라는 점은 변함이 없다.

다가올 고령화 사회에 대비하기 위해서, 그리고 글로벌 경제 불안정으로 인한 피해를 최소화하기 위해서라도 자산의 포트폴리오 배분이 절실해 보인다.

– 네이버 부동산 칼럼, 2015년 2월

주택가격이 빠지면 행복해질까?

우리나라 사람들 대부분은 '주택가격이 빠져야 한다'고 생각한다. 물론 이건 '본인의 집을 제외한 후'의 얘기다. 1990년대 초반 주택 200만 호 건설 이후 전국적으로 KB주택매매가격지수가 빠진 기간은 단 3년이다. 외환위기로 인하여 1998년에 12.37%가 빠졌고, 외환위기 이후 물량 폭증과 카드대란으로 인해 2004년에 2.07%, 글로벌 금융위기로 인해 2012년 0.03% 빠진 것이다. 이중에서 외환위기 사태 때는 실로 그 충격이 컸고, 금융위기 때 지방이 선전하여 전국 지표는 얼마 빠지지 않았던 반면 강남 아파트는 5.15%나 빠졌다.

이때 부동산 대폭락에 대한 두려움으로 시장이 얼어붙자 정부에서는 각종 부양책을 내놓으면서 시장을 살리기 위해 안간힘을 썼다. 지표상으로 기억할 수 있는 가장 큰 하락인 외환위기 때를 살펴보자. 경상수지

적자와 단기 유동성 부족으로 경제위기가 촉발되었으나, 이후 부동산가격 폭락으로 인해 국가경제의 마비 상태까지 가게 되었다. 당시 쟁쟁한 기업들인 대우그룹, 한보그룹, 삼미그룹, 진로그룹, 기아자동차그룹, 해태그룹 등이 도산하였고 동화은행, 동남은행, 경기은행 등이 퇴출되었다.

대내외적으로 어려워진 경제 때문에 기업들이 극심한 경영위기를 겪게 되면서 은행들은 기업들로부터 대출을 회수하고자 하였다. 하지만 담보가치 하락으로 인해 회수가 어려워졌고 이로 인해 은행도 부실상태로 전락해 퇴출 위기에 빠졌다. 사태를 조금이라도 호전시키기 위해 정부에서는 무려 168조 6,000억 원이나 되는 자금을 투입하였고, 국민들도 금모으기 운동 등을 통해 겨우 위기를 극복할 수 있었다. 그러나 2017년 현재까지도 당시 투입된 공적자금이 전부 회수되지 않고 있다. 경제가 어려워지며 주택가격이 떨어지고 이로 인해 담보가치가 하락하자 연쇄적으로 은행까지 부실해지며 경제위기가 국가 전체로 퍼지는 '악순환'이 벌어진 것이다.

일본의 경우도 비슷했다. 일본은 1950년 이래 40년간 지속적으로 주택가격이 상승했고 이에 대한 담보금융이 급팽창하였다. 거품이 꺼지면서 담보가치가 급락하였고 1991년 이후 1996년까지 지가는 전국 평균 25%, 도쿄 상업지는 57% 폭락하였다. 이에 따라 부동산 담보가치가 대출금 이하로 내려가는 현상이 일반화되면서 금융기관의 부실 문제가 악화되었고, 1997년 이후 닛폰생명日産生命보험, 홋카이도다쿠쇼쿠北海道拓殖은행, 야마이치山一증권 등 대형 금융기관의 연쇄도산이 이어졌다. 이후 일본의 국가신용등급이 하향조정됨에 따라 주가폭락으로 연결되었다. 최근 일본 경기가 회복되고 있지만 아직 과거의 찬란한 위상을 완전히 회복하진 못한 것으로 보인다.

아무리 주택가격이 비싸다고 하더라도 '급격히' 빠지는 것은 경제에 엄청난 부담으로 작용한다. 그래서 각국 정부는 주택가격을 안정적으로 유지하거나, 낮추려고 하더라도 장기적으로 조금씩 낮추는 정책을 선호하게 되는 것이다. 주택가격은 폭등해도 좋지 않고 폭락해도 좋지 않다. 몇몇의 말처럼 "20~30%의 주택가격 하락이 필요하다"는 것은 우리 경제가 어떻게 되어도 좋다는 말과 마찬가지인 셈이다.

주택가격이 빠지니 어떻던가?

실제로 주택가격이 빠진 지역 몇 군데가 있다. 우리 머릿속에선 항상 '오른 지역'으로 기억되지만 실제 수치로 보면 제법 많이 빠진 곳들이다.

먼저 용인시를 살펴보자. 용인시의 경우는 과거 가격이 많이 상승하며 '버블 세븐'에까지 포함되는 지역이었으나, 2007년을 고점으로 빠지는 상황이 나타난다. '단기적으로 많이 올랐다'는 부담감, 금융위기 이전부터 쌓였던 공급물량 확대, 여기에 공공기관 지방이전 및 행정중심복합도시 건설로 인한 수도권 인구 유출 등이 악재가 됐다. 즉 공급은 늘어나는 상황에서 수요는 줄어들게 되자 가격 조정 폭이 확대된 것이다. KB주택매매가격지수를 기준으로 보면 2006년 고점에서 2012년 저

용인시 주택매매가격지수 변화

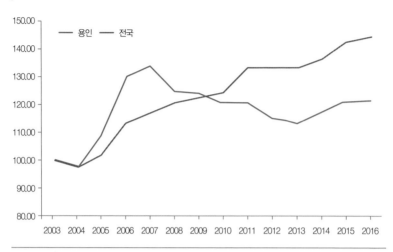

2003년=100

출처: KB국민은행

과천시 주택매매가격지수 변화

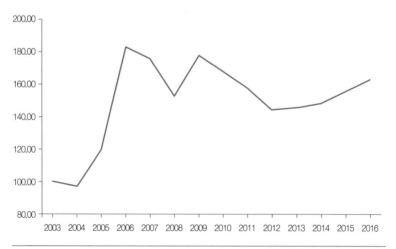

2003년=100

출처: KB국민은행

점을 형성할 때까지 15.26%가 빠지게 된다. 몇몇 단지는 30% 이상 하락하면서 미디어 등을 통해 '깡통주택', '하우스푸어'와 같은 단어들이 줄기차게 나온 바 있다.

그나마 용인은 나은 편이었다고 볼 수도 있겠다. 범 강남권이면서 정부청사이전으로 직격탄을 맞은 과천 덕분이다. 2012년부터 공무원의 지방이전이 시작되자마자 그해 큰 폭으로 하락하게 된다. KB주택매매가격지수를 보면 2011년부터 2012년 사이 8.39% 하락하고, 고점을 찍은 2006년에 비해서는 21.06%나 하락한다. 당시 이곳에 살던 주민들과 주변 주민들 사이에선 '장기 폭락에 대한 두려움'과 '부동산은 끝났다'는 공포, 대한민국 경제도 일본처럼 장기간 침체를 면치 못할 것이라는 비관이 팽배했다.

주택가격이 급격히 오르는 것도 문제지만, 급격히 빠지는 것 역시 모두에게 재앙이나 다름없다. 이러한 일은 반복되지 않도록 노력해야 한다. 그래서 대부분의 정부 정책 목표도 '단순 주택가격 하락'이 아닌 '안정화'에 방점을 둘 수밖에 없는 것이다.

부 동 산   왜   버 는   사 람 만   벌 까

PART

3

주택가격 결정의 법칙을 알고 투자하라

CHAPTER 1

주택가격 예상 1법칙,
수요와 공급

주택가격은 다양한 요소에 의해 결정된다. 먼저 입지가 있다. 일반적으로 교통, 학군, 공원, 편의시설, 문화시설 등을 말한다. 이외에도 거시적으로는 정책과 사회적 분위기, 경기에 대한 전망 등도 영향을 미친다. 이렇게 따져보면 지나치게 광범위하고 복잡하며 상황에 따라 차이가 많이 나기 때문에 '일반적인' 이야기가 힘들어진다.

이러한 모든 요소들은 '수요와 공급'으로 함축할 수 있다. 모든 상품의 가격이 그렇듯 주택가격 역시 수요와 공급의 법칙에 의해 결정된다. 즉 사고자 하는 사람이 많고 구입할 수 있는 주택이 적으면 주택가격은 오를 것이고, 반대로 사고자 하는 사람은 줄어드는데 팔고자 하는 주택이 많으면 주택가격은 떨어지게 될 것이다.

향후 주택가격이 어떻게 될지를 예상하기 위해 가장 먼저 수요와 공급을 살펴봐야 하는 이유다. 특히 수요가 부동산가격에 결정적인 영향을 미치고 있고, 이에 대해 수많은 논란이 계속되고 있으므로 여기서는 수요에 대해 집중적으로 다루고자 한다.

부동산 수요는 크게 경제적 요인과 인구사회학적 요인, 그리고 입지적 요인으로 나눌 수 있다. 쉽게 말해 경제적 요인은 '돈을 많이 벌면 집을 늘려서 사거나 한 채 더 살 수 있다'는 의미이고, 인구사회학적 요인은 '인구가 늘거나 세대수가 늘면 가격이 오르고, 또 특정 계층이 좋아하는 집들은 더욱 오를 가능성이 높다'는 의미로 볼 수 있다. 마지막으로 입지적 요인은 우리가 익히 알고 있는 '위치'를 의미하는데 학군과 대중교통, 공원, 백화점 등 주변 여건을 포함하고 있다.

경제가 좋아지면 주택가격은 오른다

너무 뻔한 말이다. 그런데도 이 뻔하고도 명백한 사실이 종종 무시되어 폭락론으로 연결되곤 한다. 간단히 말해 돈이 많아지면 주택가격은 오른다. 물론 돈이 많아져도 주택가격이 잘 오르지 않는 지역이 있긴 하다. 공급이 너무 많거나 지역 경제가 망가진 경우다. 그러나 거의 모든 연구에서 '경제가 좋아지면 주택가격은 오르는 것'으로 나타난다.

끊임없이 대두되는 부동산 폭락론은 향후 경제가 완전히 훼손되어 회복불능이 될 것이라는 전제가 깔려 있다. 생각만 해도 끔찍한 일이다.

시간이 지남에 따라 오랜 기간 축적된 경제 데이터를 보면 주기적으로 단기간 불황이 온 사례가 있긴 하지만, 장기 침체는 극히 드문 상황이므로 그리 걱정하지 않아도 될 듯하다.

이 책에서는 모든 나라를 다룰 수 없기에 몇 개 나라만 살펴본다. 먼저 선진국들의 주택가격을 살펴보면 일본을 제외하고는 경제성장과 더불어 주택가격이 계속해서 상승함을 알 수 있다. 심지어 인구가 감소하더라도 상승하는 속성이 있다. 그리고 이들 나라들의 성장률은 아주 낮게 유지되고 있기 때문에 우리나라가 앞으로 저성장을 한다고 하더라도 주택가격이 빠질 것이라고 섣불리 예상하기 힘들다. 즉 조금씩이라도 경제가 성장을 한다면 주택가격은 오를 가능성이 높다는 뻔한 결론이다.

다음 페이지부터 제시하는 그림들은 2010년 주택매매가격을 100으로 보았을 때 가격 변동과 경제성장률의 관계를 나타낸 것이다. 여기에 사용된 자료는 통계청과 OECD를 통해 확보한 것들이다.

먼저 미국을 보면 1990년부터 (경제가 성장하는 한) 계속해서 가격이 오르는 패턴을 보여준다. 그러다가 2006년에 고점을 찍고 2007년부터 금융위기 여파로 급격하게 가격이 조정된다. 2006년 고점부터 2011년까지 계속 하락하게 되는데, 이때 하락폭이 무려 26.7%에 이른다. 이는 실로 어마어마한 폭락이다. 한 번의 충격으로도 이렇게 장기간 하락할 수 있다는 점을 보여주고 있지만, 결과적으로는 다시 상승세로 접어들게 된다. 2017년 현재까지 아직 최고점을 회복하진 못하였으나 대도시는 이미 기존 최고점을 넘어선 것으로 평가받고 있다. 하락하고 반등함에 있어서도

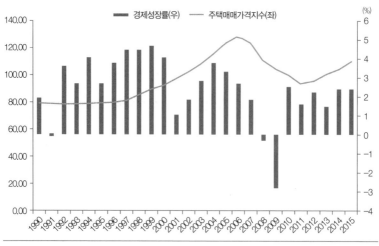

2010년=100   출처: OECD, 통계청

대도시와 중소도시는 회복속도가 상당히 차이가 있는 것으로 알려져 있다.

당시 하락 시기에 끔찍한 일들이 발생하였다. 미국 노동부 장관을 역임한 로버트 라이시는 "개인 파산과 관련 규정의 미흡으로 인해 500만 명이 주택을 잃었고, 이후 2014년까지 추가로 200만 명이 주택을 압류당했다"고 밝히고 있다. 뿐만 아니라 이후 자살이 급증하면서 사회문제로까지 확대되었다. 1920년대 대공황과 연관 지으며 '불황형 자살Econocide'이라는 용어가 많이 쓰이기도 하였다. 이 같은 자살의 급증추세는 그리스, 스페인, 영국 등 경제위기를 겪는 여러 나라에서 공통적으로 관찰되고 있다. 이 정도의 급격한 하락은 사실 사회적 재앙에 가까운 것이

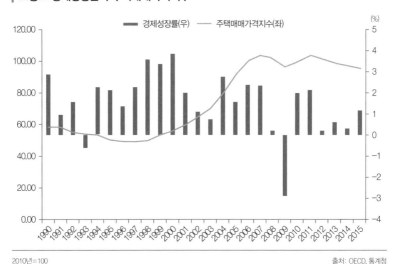

│ 프랑스 경제성장률과 주택매매가격지수

경제성장률(우)　　　주택매매가격지수(좌)

2010년=100　　　　　　　　　　　　　　　　　　출처: OECD, 통계청

다. 우리가 그 정도가 아닌 것을 다행으로 여겨야 할 것이다.

전체적으로 1990년부터 2015년까지 미국의 주택가격을 보게 되면 총 36.5% 상승하였으며 연평균으로는 1.36% 상승하였다. 같은 기간 동안 경제성장률은 연평균 2.42%였다.

프랑스의 경우는 미국과 좀 다르다. 1990년대 저성장으로 인하여 주택가격은 계속 빠지는 상황이었고, 이후 경제성장이 지속되면서 주택가격 역시 상승하였다. 그러던 것이 미국의 금융위기로 충격을 받았다가 이후 유럽발 재정위기로 인해 다시 저성장이 지속되었고 주택가격은 계속해서 하락세를 면치 못하고 있다.

그러나 미국과는 달리 급격한 하락은 없었고 상대적으로 안정적인 모

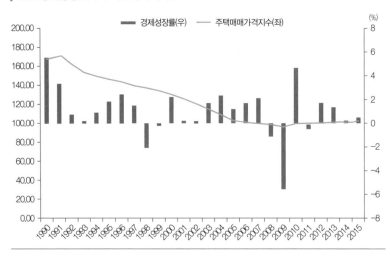

경제성장률(우) ─── 주택매매가격지수(좌)

2010년=100   출처: OECD, 통계청

습을 보여주고 있다. 결과적으로 주택가격은 전반적으로 계속해서 오
르는 모습을 보여준다. 1990년부터 2015년까지 경제성장률이 연평균
1.57%였음에도 불구하고 같은 기간 동안 주택가격은 66.4%, 연평균으로
는 2.2% 상승하였다.

　일본의 경우는 더욱 극명하다. 지속적인 경제 불황 때문에 계속해서
하락하는 것이다. 2007년에 환율이 100엔당 745원까지 떨어졌을 때 일
본에 출장을 간 적이 있는데, 물가가 서울보다도 싸서 개인적으로 좋긴
했지만 일본 사람들의 답답한 심정을 간접적으로 느낄 수 있었다. 오죽
하면 '잃어버린 20년'이란 표현까지 쓸까.

　이때 주택가격도 계속해서 빠진다. 실제 경제가 마이너스를 보인 경우는 드물지만 같은 기간 동안 성장률이 1.09%에 불과할 정도로 불황이 지속되었다. 1990년부터 2015년까지 주택가격은 무려 38.8% 폭락하였고 같은 기간 동안 연평균 -1.9%의 주택가격 하락을 보여주었다.

국가 전체적으로 이만큼 빠진 것은 세계적으로 유례를 찾아보기 힘들며 그 심각성은 우리의 상상을 훨씬 넘어서는 것이다. 특히 최고점을 찍은 1991년과 최저점을 찍은 2009년을 비교해보면 무려 43.5%나 빠진 셈이다. 이 정도면 거의 재앙 중에서도 특급 재앙 수준이다. 거의 대부분의 주택이 반값이 되었고 이에 따라 은행도 부실해졌으며 기업 활동 역시 위축되었다.

이렇게 오랜 기간 동안 버텨낸 일본의 경제력이 다시금 놀라울 뿐이다. 최근에는 대도시를 중심으로 다시 급상승세를 보이고 있다고 한다. 우리나라의 경우 외환위기로 인해 1998년 경제성장률이 -5.5%였고 이때 주택가격이 12.4% 정도 빠졌는데 거의 국가적 재앙으로 여겨졌다. 당시 '과연 다시 회복할 수 있을까' 의심이 들 정도로 국민 모두가 공황에 빠진 바 있다. 이를 감안하면 일본에게선 세계 3위의 경제대국다운 저력이 느껴진다고 볼 수 있겠다.

중국의 경우를 보면 경제성장률과 주택가격 사이의 또 다른 관계를 느낄 수 있다. 7% 이상의 고도성장을 지속한 상태인지라 주택가격의 조정이 거의 없는 수직적 상승세를 보여주고 있다. 35개 주요도시를 각각 조사한 바에 따르면(200페이지 '부록-컬러 그래프 3.' 참조. 35개 도시에 대한 명확한 범례 구분을 위해 책 말미에 컬러로 삽입함) 2002년부터 2015년까지 가장 많이 오른 지역은 선전이었다. 13년 만에 무려 485% 급등하였으니 대략 5배 폭등한 것이다. 우리에게 익숙한 베이징과 상하이는 375%, 407% 폭등하였다. 35개 주요도시의 평균 주택가격 상승률도 279%에 이르기 때문에 중국 주택시장은 지나친 과열이 아닌가 생각된다. 우리나라의 폭등기와 비교해도 지나친 감이 있다.

여기서도 몇 가지 시사점을 찾아낼 수 있다. 먼저 금융위기가 찾아온 해에 상당수의 도시가 부동산 하락을 경험했다는 점이다. 많이 상승한 도시들일수록 많이 하락하는 모습을 보여주고 있다. 그리고 일부 도시에서는 경제성장률과 상관없이 계속적으로 폭등하는 모양새이고, 상당수의 도시가 경기변동 여부와는 큰 상관없이 지속적인 상승세를 보이고 있다. 이를 토대로 '경제성장률이 어느 수준 이상일 경우엔 경기변동이 주택가격에 큰 영향을 주지 않는다'는 점과 '대도시 위주로 상승한다'는 점을 중국 도시에서 확인할 수 있다.

이제 우리나라에 대해서 좀 더 자세히 설명하고자 한다. 단순한 경제와의 관계가 아닌 공급 물량 부분도 가미하여 서술하겠다.

1980년대 후반은 세대수도 급격히 늘어났지만 두 자리 수가 넘는 높은 경제성장률이 달성된 시기였다. 저달러·저유가·저금리로 인한 3저低 호황과 함께 아시안게임 및 올림픽 특수로 인해 경제가 가파르게 상승하였고 이로 인해 주택가격도 무섭게 올랐다. KB주택매매가격지수의 전국 상승률을 보면 1987년 7.08%, 1988년 13.22%, 1989년 14.59%, 1990년 21.04%였다. 당시 물가상승률이 1987년 3.0%, 1988년 7.1%,

우리나라 경제성장률과 주택매매가격지수

━━ 인허가 실적(좌)　━━ 경제성장률(%, 우)　━━ 주택매매가격지수(우)

1989년 5.7%, 1990년 8.6%로 비교적 높은 편임을 감안하더라도 주택가격은 참 많이도 그리고 참 빨리도 올랐다.

이러한 가격 폭등은 정권불안 요인으로까지 여겨지게 되었고, 이를 해소하기 위해 1989년부터 시작된 주택 200만 호 건설의 결실로 1991년부터 입주가 시작된다. 이를 통해 우린 그때까지 경험하지 못한 전혀 다른 주택가격 움직임을 겪는다. 주택 200만 호 건설은 당시 국민들이 우스갯소리로 '물태우' 대통령이라고 칭했던 노태우 대통령이 제대로 마음먹고 시행한 정책이었다. 우리 경제 규모에 비해서 너무나 무리한 규모로 진행한 사업이란 평가를 받기도 하지만, 어쨌든 역대 대통령 중에서는 본인이 공약한 주택건설 목표량을 채운 거의 유일한 대통령이라는 점은 기억할 만하다.

일반적으로 부동산 시장의 '공급' 측면을 분석할 때 인허가 물량, 착공 물량, 입주 물량을 모두 살펴야 한다. 그 중에서 정부에서 가장 잘 파악하고 정리해서 통계로 제공하는 것은 인허가 물량이다. 그래서 공식적 연구는 대부분 인허가 물량을 바탕으로 이뤄지고 있다. 인허가 물량을 살펴볼 땐 '인허가는 받았지만 당장 공급되는 것은 아니고 2~3년 뒤에 입주한다'는 점을 유념해야 한다.

1990년대의 200만 호 주택 입주는 말 그대로 '핵폭탄급' 사건이었다. 2015년 인허가 물량이 76만 호를 넘었기에 최근 '입주시점 가격하락'에 대한 우려가 계속 대두되고 있다. 하지만 1990년 당시 75만 호를 넘겼다는 건 차원이 다른 문제다. 당시 인구는 4,341만 명이었고, 2017년 현재

인구는 5,172만 명 정도다. 그만큼 엄청난 입주물량이었다. 이것이 1990년대 경제성장률이 1997년 외환위기를 제외하면 5~10%로 비교적 높았음에도 불구하고 주택가격이 하락세를 면치 못한 이유다.

외환위기 이전에도 주택가격은 지속적으로 하락하였고 외환위기 때는 KB주택매매가격지수가 12.37%나 급락하였다. 200만 호가 입주되고 나서도 한동안 주택가격은 계속 떨어졌다. 당시 준농림지 개발 붐이 불면서 공급이 늘었기 때문이다. 즉 주택가격은 기본적으로 수요와 공급의 법칙을 충실히 따르고 있음을 여실히 보인 기간이었다.

2000년대 들어와서는 경제성장률이 이전보다 낮음에도 불구하고 주택가격은 지속적으로 오르는 모습을 보여주었다. 주택가격 상승률은 1980년대 후반에 비해 많이 낮아졌으나 1990년대보다는 훨씬 높게 형성되었다. 이러한 현상은 외환위기 이후에 주택 공급량이 급속히 줄어들었고, 이 영향으로 경제성장률이 당초 기대보다 낮음에도 불구하고 주택가격은 상승한 시기라고 볼 수 있다.

1997년 외환위기와 비슷한 금융위기가 2008년에 닥쳤다. 부동산 시장에서도 외환위기 때와 비슷한 상황이 또 벌어졌다. 주택가격이 서울과 수도권을 중심으로 하락하였고 공급량도 급감하였다. 게다가 경제성장률도 3% 내외로 떨어지고 이러한 저성장 기조는 2017년 현재까지 이어지고 있다. 이 때문에 주택가격이 떨어졌고 이후 상승도 미미하다가 2013~2014년 이후에야 본격적인 상승세를 보였다. 물량공급을 줄인 영향이 나타난 것이다.

폭락론을 주장하는 사람들은 '○○월 위기설' 등과 같은 경제위기론이 현실화하는 순간 주택가격이 폭락한다고 생각한다. 그러나 이러한 위기가 실제 온다 해도 비교적 일시적인 현상일 가능성이 크다. 과거 사례를 보면 위기 이후 다시 경제가 정상을 되찾는 경우가 대부분이었다. 따라서 지속적인 주택가격 폭락으로 이어진다는 주장은 무리가 있는 것으로 보인다.

우리가 기억하는 최악의 불황은 '대공황'이다. 1929년 미국에서 촉발되어 제2차 세계대전이라는 특정 사건을 통해 해소되었다. 결국 일정 기간이 지나면 다시 경제가 제자리를 찾는 것이 '일반적'이란 얘기다. 최근 가장 심각하고 세계적으로도 희귀한 사례인 일본의 장기불황과 주택가격 폭락도 결국은 극복·회복되고 있다. 물론 이 과정에서 지방은 소외되고 있긴 하다.

결국 주택가격이라는 것은 경제가 성장한다면 큰 무리 없이 계속 올라가는 속성이 있으며, 공급물량의 변동으로 가격 상승 정도에 차이가 있음을 알 수 있다. 앞으로 주택가격이 오르기를 바란다면 경제가 성장하기를 기원해야 한다. 그리고 내가 사는 동네의 주택가격이 오르길 바란다면 그 동네 경제가 좋아져야 하고, 이를 위해 각자 노력해야 한다.

소득이 늘면 집이 더 커지고, 집도 더 필요하다

우리나라가 가난했던 시절, 많은 사람들은 단칸방 생활을 했다. 가족

구성원 전체가 한 방에 모여 자곤 했다. 대부분의 중산층이 방 한 개 혹은 두 개짜리 집에 살았으니 어쩔 수 없는 상황이었다. 이러한 실태를 자세히 기록한 자료가 없어 당시 주택총조사 자료와 최근 경기개발연구원 봉인식 박사가 연구한 자료를 취합해 소개한다. 봉 박사의 연구가 2005년을 기준으로 하고 있기에 2005년과 1970년을 비교해 보도록 한다.

통계청에서 제공하는 1970년 주택총조사 자료를 살펴보면 당시 인구수가 3,088만 2,386명이고 총 주택수는 435만 9,810호다. 이 당시 표본조사 결과를 보면 방 개수는 총 1,289만 584실로 조사되었다. 이를 방당 인구수로 환산하면 한 방에 2.4인이 거주하고 있음을 알 수 있다. 그리고 한 집당 인구수도 7.08인이나 되니 지금 기준으론 '어떻게 살았나' 싶을 정도로 빡빡하게 살던 시절이다. 당시 1인당 국민총소득이 255달러였으니 환경이 상당히 열악했음을 알 수 있다.

2005년이 되면 상황이 많이 달라진다. 한 방당 사는 사람은 0.909인으로 확 줄게 되고 한 집에 사는 사람의 숫자도 3.58인으로 절반이 줄게 된다. 이때의 1인당 국민총소득은 1만 9,231달러였고 인구는 4,727만 8,951명이었다.

자료를 보면 인구와 가구수의 증가, 소득 증가가 나타남에 따라 방당 인구수와 주택당 인구수가 급격히 줄고 있음을 알 수 있다. 어떻게 보면 인구 증가보다 소득 증가가 주택 소비량에 더 큰 영향을 미친 것이 아닌가 싶다.

봉 박사의 연구를 참조하여 국가별 1인당 주택면적과 1인당 GDP의

구 분	인구수 (인)	가구수 (가구)	주택수 (호)	방당 인구수 (인/실)	주택당 인구수 (인/호)	1인당 국민총소득 (달러)
1970년	3,088만 2,386	557만 6,277	435만 9,810	2.4	7.08	255
2005년	4,727만 8,951	1,598만 8,274	1,322만 2,641	0.909	3.58	1만 9,231
변화율	53.10%	186.70%	203.00%	−1.791	−3.5	7,441.5%

┃ 1인당 사용방수 등 추이

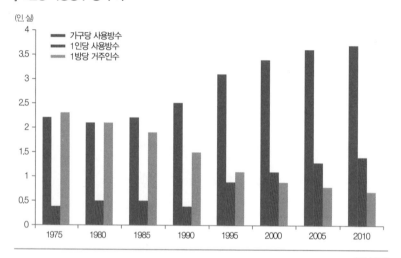

출처: 통계청

관계를 살펴보면 더욱 드라마틱하다. 여기서 사용된 기준연도는 2005

년이다. 소득이 높은 나라의 경우 1인당 주택면적이 월등히 높다. 1인

당 GDP가 4만 달러 정도 되는 나라들은 1인당 주택면적이 40㎡ 이상

인 데 반해 우리나라를 포함한 소득이 적은 나라들의 경우 주택면적이

20~30㎡에 머물고 있음을 알 수 있다. 즉 우리도 소득이 상승한다면 계속해서 주택면적이 늘어날 가능성이 아주 크다고 해석할 수 있다. 이를 다른 말로 표현하면 '가격상승 압력이 높다'고 할 수 있고, 이는 곧 '주택을 더 많이 지어야 한다'는 것으로도 생각할 수 있겠다. 2016년 주거실태조사에 따르면 우리나라 1인당 주거면적은 33.2㎡다. 우리 소득이 꾸준히 늘어나 선진국 수준인 4만 달러대에 진입한다면 앞으로도 20~30%의 공간 사용이 늘어날 것으로 볼 수 있다. 즉 인구증가가 없더라도 소득 증가에 따라 주택공급이 늘어나야 한다는 것이다.

앞의 자료에는 없지만 우리보다 좁게 산다고 생각했던 일본 역시 2008년 기준 1인당 주거면적이 37.6㎡로, 우리가 2009년에 27.1㎡였던 것을 감안하면 우리보다 월등히 넓음을 알 수 있다. 그리고 미국의 경우는 2004년에 이미 64.1㎡로 가장 넓은 편에 속한다. 우리 경제가 아무리 엉망이 된다고 하더라도 최소한 일본 정도의 공간 소비까지는 다다를 것으로 보이므로 주택의 안정적, 장기적 공급체계를 꾸준히 유지할 필요가 있다.

이러한 점은 우리나라의 1인당 주거면적 변화를 살펴봐도 알 수 있다. 비록 조사한 기간 자체가 길진 않지만 최근 조사를 살펴보면 1인당 주거면적이 꾸준히 증가했음을 알 수 있다. 이는 앞으로 경제가 과거만큼의 고도성장을 하지는 않더라도 어느 정도 성장하기만 한다면 주거면적 증가 추세가 계속되리라는 점을 시사하고 있다.

방 하나당 인구수 지표를 보아도 알 수 있다. 소득이 대략 4만 달러

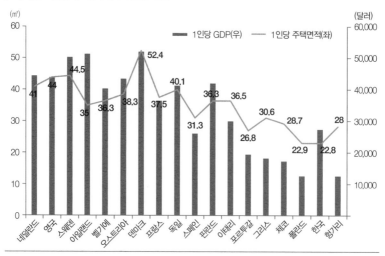

┃ 국가별 1인당 주택면적과 1인당 GDP

출처: 경기개발연구원 봉인식 박사 연구자료

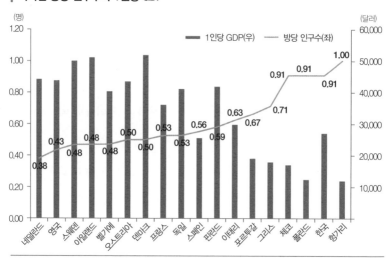

┃ 국가별 방당 인구수와 1인당 GDP

출처: 경기개발연구원 봉인식 박사 연구자료

수준인 국가들을 보면 방 하나에 0.38~0.59명이 거주하고 있음에 반해, 우리나라를 포함한 소득이 낮은 국가들은 거의 1명이 거주하고 있어서 빡빡하게 살고 있음을 알 수 있다. 비록 과거에 비해선 방당 인구수가 급격히 줄어들긴 했으나 앞으로 더 많이 줄어들 가능성이 높다.

실제 주변 사람들을 조금만 둘러봐도 알 수 있다. 내 지인들도 자녀를 출가시킨 후 남는 방을 세를 주거나 하지 않고 서재 혹은 작업실로 활용하는 등 공간 사용 면적을 늘리고 있다. 가족이 늘지 않음에도 불구하고 방을 늘려 가는 사람들도 많다. 일반적으로 집과 차에 대해선 '늘리는 건 가능해도 줄여가는 것은 불가능하다'고 생각하는 사람들이 대부분이다. 이런 주변 사례만 봐도 공간 사용 면적이 계속 늘어날 것을 알 수 있다. 따라서 우리가 선진국 수준으로 소득이 오른다면 인구 증가가 전혀 없더라도 지금보다 방수가 두 배 가까이 늘어날 수 있는 것이다.

그래서 필자를 비롯한 일부 사람들은 한국토지주택공사LH 등의 공공기관이 지금처럼 경기에 따라 공급량을 줄이거나 늘리는 식의 운영이 아닌, 꾸준히 장기적이면서 안정적인 공급을 해야 함을 강조하고 있다. 사실 경기가 좋지 않다고 공급을 끊었다가 그 다음에 폭등이 나타난 경우가 많아서 더욱 그러하다. 또 그와 동시에 중장기적으로 소득이 늘어남에 따른 수요 증가에 대한 대비도 해야 하기 때문이다.

인구가 늘면 주택가격이 오른다

당연한 말이지만 인구가 늘면 주택가격도 오른다. 1925년 우리나라 인구가 1,902만 명에서 2017년 5월 현재 5,173만 명이 되었으니 참 많이도 늘었다. 일반적으로 주택가격은 소득이 늘지 않고 인구만 늘어도 오른다. 그런데 우리나라의 경우는 인구와 소득이 동시에 급속히 늘어났기에 더 가파르게 주택가격이 올랐다고 볼 수 있다.

최근 인구와 주택가격에 대한 주제로 논의가 많이 이뤄지고 있다. '앞으로 인구가 줄어들 가능성이 높기 때문에 주택가격은 떨어질 수밖에 없다'는 것이다. 과연 그럴까?

장기적으로는 인구 감소 충격이 걱정스러운 게 사실이다. 그러나 단기적으로 봤을 때 인구 감소가 주택가격에 영향을 준다고 보기 힘들다. 인구는 서서히 변화한다. 단기간에 급격한 변화를 보이지 않기 때문에 지금 당장의 주택가격에 큰 영향을 미치지 않는다. '향후 인구가 감소할 것'이라는 예상 때문에 모두가 매수를 꺼리는 경우는 문제될 수 있겠지만, 이는 지극히 심리적인 이유이기 때문에 경제상황 악화 등이 동반되지 않는다면 단기적으로 큰 영향을 끼치기 힘들다. 그러나 지역별로 보면 전혀 다른 이야기가 나올 수 있다.

몇 년 전부터 국토교통부에서는 도시재생을 국가의 주요 정책 목표로 삼고 선도 지역을 선정해 꾸준히 추진하고 있다. 도시의 쇠락을 막고 경제를 활성화시키기 위해서다. 문재인 정부에서도 연 10조 원씩 5년간 50조 원을 투입해 경제 활성화와 39만 명 고용창출을 위한 '도시재생 뉴

전국 인구수와 주택매매가격지수

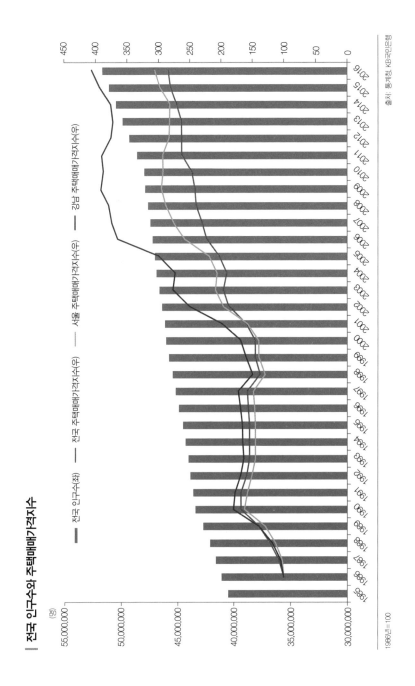

출처: 통계청, KB국민은행

1986년=100

딜' 사업을 추진할 예정이다.

국토교통부에서 밝힌 자료에 따르면 외곽 신시가지 개발로 인해 구도심의 인구감소가 심각한 수준이라고 한다. 그래서 부산이나 대구와 같은 대도시에서도 전통시장의 빈 상점이 각각 14.1%, 18.6%에 이르고 있으며 지방 대부분의 쇠락 도시에서 건축물 노후화가 진행되고 있다고 진단하고 있다.

더욱 충격적인 사실은 전국 도시 세 곳 중 두 곳이 쇠퇴하고 있다는 점이다. 국토교통부에서는 '5년간 평균 인구성장률이 감소하거나, 5년간 총사업체수가 감소하는 경우, 그리고 20년 이상 노후건축물 비율이 50% 이상인 경우'라는 기준을 가지고 이 중에서 한 개 이상이 포함될 때 '쇠퇴하고 있다'고 판단하는데, 전국 144개 시·구 중에서 3분의 2에 해당하는 96개에서 쇠퇴 징후가 보인다고 밝혔다.

평소 "인구 20만 명 이하의 도시에는 되도록 투자를 하지 말라"고 하는 편인데, 정부에서 쇠퇴하는 도시라고 발표한 지역 대부분이 이러한 지역이다. 이러한 도시는 선진국 사례들을 보았을 때 자족성이 미약하여 향후 지속적으로 인구가 감소하는 경우가 대부분이다. 게다가 선진국들의 도시재생 성공 사례들을 봐도 대도시 또는 지역중심도시가 많다. 그렇지 않은 경우는 주택가격이 상승하기 힘든 것이다.

정부에서는 당혹스러워할 지 모르겠으나, 집을 사고자 하는 사람들은 정부에서 공개적으로 발표한 쇠퇴도시에 되도록 투자하지 않는 것이 좋아 보인다. 왜냐면 이들 지역의 경우 인구 감소가 계속될 가능성이 높기

쇠퇴하는 도시들

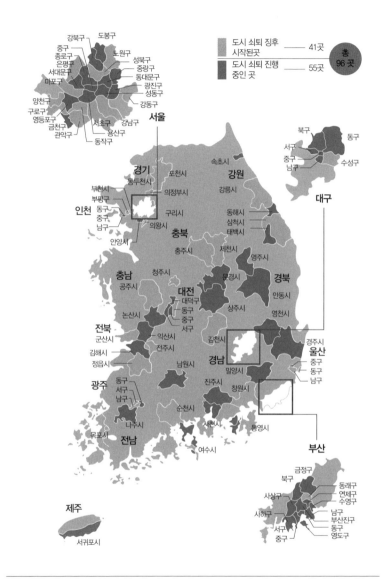

도시 쇠퇴 징후 시작된곳 —— 41곳
도시 쇠퇴 진행 중인 곳 —— 55곳
총 96곳

서울
강북구, 도봉구, 중구, 노원구, 종로구, 성북구, 은평구, 중랑구, 서대문구, 동대문구, 마포구, 광진구, 성동구, 양천구, 강동구, 구로구, 영등포구, 강남구, 금천구, 서초구, 관악구, 용산구, 동작구

경기
포천시, 동두천시, 의정부시, 부천시, 부평구, 구리시, 동구, 의왕시, 중구, 남구, 안양시

인천

강원
속초시, 강릉시, 동해시, 삼척시, 태백시

충북
충주시, 제천시, 영주시, 문경시

대구
북구, 동구, 서구, 중구, 수성구, 남구

경북
안동시, 상주시, 영천시, 경주시

충남
공주시, 청주시, 논산시

대전
대덕구, 동구, 중구, 서구

전북
군산시, 김해시, 익산시, 전주시, 정읍시, 남원시

경남
김천시, 밀양시, 진주시, 창원시

울산
중구, 동구, 남구

광주
동구, 서구, 남구, 나주시, 순천시

전남
목포시, 사천시, 통영시, 여수시

부산
금정구, 북구, 동래구, 사상구, 연제구, 수영구, 사하구, 남구, 부산진구, 서구, 동구, 중구, 영도구

제주
서귀포시

기초단체 기준

출처: 국토교통부

때문이다. 여담이긴 하나 정부에서 지정한 투기과열지구 또는 투기지역
도 이처럼 '역으로' 생각해볼 수 있겠다. 이는 정부에서 '지금까지 많이
오른 지역'을 리스트화해 공표한 것과 마찬가지다. 이는 곧 '향후 사람
들이 더 몰리고, 더 오를 수 있는 지역'이라는 의미를 내포하고 있는 셈
이기 때문에, 몇몇 사람들은 이러한 투기과열지구 등에만 투자해 지금까
지 승승장구하고 있다.

가구가 늘면 주택가격이 오른다

가구가 늘어나면 주택가격이 오른다는 것도 지극히 당연한 이야기다.
다만 인구보다 가구수가 주택가격에 더 큰 영향을 미친다는 '정도의 차
이'가 있다. 1980년 총 가구수가 797만 가구였던 것이 2015년에는 1,911
만 가구로 폭증하였다. 인구가 같은 기간 동안 3,741만 명에서 5,107만
명으로 36.5% 증가한 반면 가구수는 145.5%나 증가하였다.

가구당 인구수가 줄어들었기 때문에 이러한 결과가 나타난 것이다.
최근에는 사회적으로 부모와 동거하는 세대가 늘어나는 현상이 나타나
면서 실제 주택 수요자로 전환되는 비율이 다소 줄어들긴 했다. 하지만
가구수는 인구수에 비해 '실제 주택을 필요로 하는 직접적인 수요'로 볼
수 있으므로 이들의 숫자가 늘어나는지 여부가 주택가격에 영향을 미칠
수밖에 없다.

최근 들어 큰 변화가 나타나고 있다. 소형가구의 약진이 두드러지고

전국 가구수와 주택매매가격지수

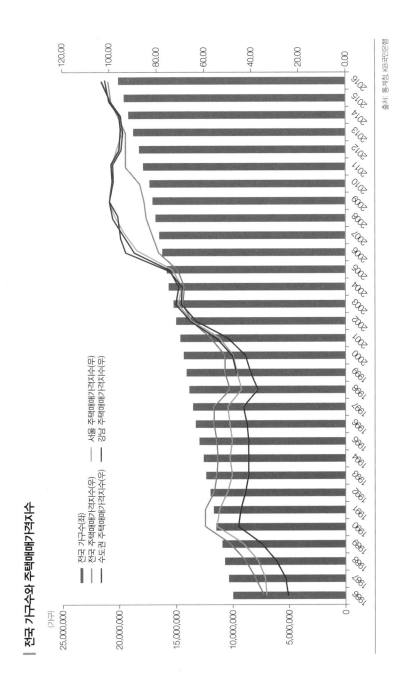

(가구)

범례:
- 전국 가구수(좌)
- 전국 주택매매가격지수(우)
- 수도권 주택매매가격지수(우)
- 서울 주택매매가격지수(우)
- 강남 주택매매가격지수(우)

출처: 통계청, KB국민은행

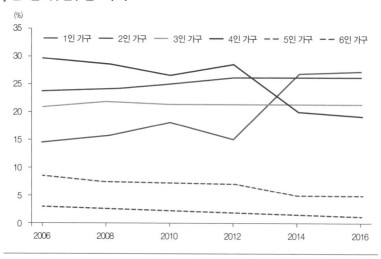

출처: 통계청

있다는 점이다. 특히 1인 가구 비중이 급격히 늘어나고 있는데, 2006년에 14.4%에 불과했던 1인 가구 비중이 2016년에는 27.2%로 급격히 늘어났다. 1인 가구와 2인 가구를 합할 경우 53.3%로 절반이 넘는 비중이다.

게다가 우리가 전통적인 가정으로 인식하고 있는 4인 가구의 비중은 2006년 29.6%에서 2016년 19.3%로 줄어들어 가장 큰 폭의 변화를 보여주고 있다. 가구수 자체가 계속 증가하고 있기에 수요는 늘 것으로 보이지만 주택 수요 형태에서는 큰 변화가 예상된다. 지금까지 가장 큰 인기를 얻고 있었던 30평형대의 주택은 3~4인 가족을 기준으로 공급되었는데, 이제는 이보다 훨씬 작은 평형대의 주택이 더 많이 필요할 것이다.

정책적으로는 60㎡(전용면적으로는 18.15평이고 분양면적으로는 24~26평)와

85㎡(전용면적 25.7평, 분양면적 32~35평)를 기준으로 삼고 있는데, 이 역시 변경되어야 할 것으로 보인다. 이제는 60㎡ 이하의 주택을 더욱 세분화해, 1인 가구를 위한 정책적 배려를 늘려야 변화하는 수요에 적응할 수 있을 것이다.

그리고 증가하는 1~2인 소형가구의 상당수가 노년층이므로 이들을 위한 서비스를 특화시키고 이와 동시에 관련 실버산업을 준비해야 한다. 그래야 미래의 충격을 완화시킬 수 있고 한계에 도달한 건설업도 재도약이 가능할 것이다. 우리보다 일찍 고령사회로 진입한 일본의 경우 오래전부터 많은 준비가 되어 있으므로 이를 벤치마킹하는 것도 좋은 방법이다.

여하튼 가구수가 늘어나면 주택가격 역시 올라가는 게 일반적이므로 해당 지역을 중심으로 관심을 가지는 것이 좋다.

지역별로 주택가격이 다르게 움직인다

거의 모든 부동산 조사는 지역 여건을 조사하면서 시작한다. 인구와 가구수가 늘고 있는 지역을 중심으로 조사하는 것이 지금까지의 일반적인 방법이었다. 이렇게 조사해도 큰 무리가 없었던 이유는 부동산가격 자체가 오를 때는 전국적으로 같이 오르고 빠질 때는 전국적으로 같이 빠지기 때문이다.

그런데 2008년 금융위기 이후부터 서울 및 수도권과 지방에서 각각 다르게 움직이는 모습이 포착되고 있다. 즉 수도권이 무섭게 빠지고 있을 때 지방은 과열에 가까운 가격상승이 나타나는 등 이제는 '전국적으로 같이 오른다'는 공식이 통용되지 않는 상황이 된 것이다.

과거에는 강남이 오르면 강남을 포함한 버블세븐이 따라 오르고, 이후 서울 주택가격과 수도권 주택가격이 상승하고, 다음으로 전국 주택가격이 따라 올라가는 게 일반적이었다. 하지만 이제는 강남이 올라도 지방은 오르지 않을 가능성이 더욱 커지고 있다. 즉 강남이 오른다고 지방 역시 오를 것을 예상해 무작정 매수할 수 없는 상황인 것이다. 이는 곧 지역 선택이 과거보다 더욱 중요해졌다는 뜻이기도 하다.

CHAPTER 2

그 지역의 산업을 보면
주택가격도 보인다

고용이 늘면 주택가격은 오른다

그렇다면 지역 선택은 어떻게 하는 것이 좋을까? 과거처럼 인구와 가구수를 가지고 선택하는 방식도 있지만 단기적으로 몇 년 후를 예상하는 데는 역부족이다.

이제는 그 지역의 산업을 조사하는 것이 필수가 되었다. 지역 산업이 활황세이고 향후 성장이 예상되면 주택가격이 오르며, 그렇지 않다면 정체되거나 하락할 가능성이 큰 것이다. 지역 산업이 활황세를 보이더라도 노동생산성의 상승속도가 더 빠른 경우는 상승이 미미할 가능성이 크다. 즉 공장 수가 늘어나는 데 반해 로봇 활용으로 고용은 오히려 줄어드는 상황 등을 생각할 수 있는데 이 경우는 주택가격이 생각만큼 오르

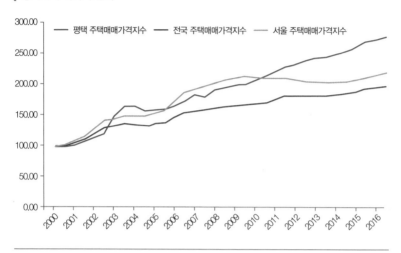

2000년=100

출처: KB국민은행, 부동산114

지 않을 가능성이 크다.

지역 산업 자체도 중요하지만 이보다 더 중요한 것은 고용이다. 고용이 늘어나면 수요도 늘어나고 이후 주택가격도 가파르게 상승한다. 일반적으로 도로 개통, 산업단지 개발, 관광단지 개발 등을 개발호재라고 부른다. 이러한 개발호재에 따라 주택가격이 오르는 근원적인 이유는 이를 통해 고용이 늘고, 고용이 늘면 주택 등의 수요가 늘기 때문이다. 이제는 지역을 선택하거나 분석할 때 인구나 가구수 외에도 '고용'에 대해 더 큰 관심을 가져야 한다.

고용의 중요성을 단적으로 보여주는 도시가 있다. 바로 평택이다. 평택은 오래 전부터 개발호재가 많았다. 중국시장의 교두보인 평택당진항

만 개발 및 꾸준한 확충에 이어 자동차 산업을 통한 계속적인 고용창출이 있었고 이를 기반으로 부동산 시장 역시 지속적으로 상승해왔다. 그러다가 최근에는 미군부대 이전으로 인한 수요 폭증과 삼성전자의 대규모 투자에 따른 폭등이 이어지고 있다.

당연한 이야기지만 이렇게 고용이 늘어나면 지역경제가 좋아지고 지역 내 총생산액도 늘어난다. 평택시의 경우도 지역 내 총생산액이 늘어남에 따라 주택가격 역시 계속 상승하는 모습을 보이고 있다. 일반적으로 지역 내 총생산액의 증가보다는 지역 내 거주자의 소득이 늘어나는 지표가 더 정확하다고 하지만 우리나라의 경우는 시군별 소득 자료를 공표하고 있지 않다. 따라서 지역 내 총생산액을 이용해 그 지역 경제를 평가하고 있다.

삼성전자의 경우 평택의 고덕산업단지에 세계 최대 규모 반도체공장을 설립하여 운영할 계획인데 부지면적만 축구장 400개 규모인 87.5만 평이고, 투자액은 15.6조 원에 이른다. 이 투자로 인해 무려 41조 원의 생산유발과 15만 명의 고용창출 등 커다란 경제 파급효과가 예상된다.

게다가 반도체 관련 인력 4,000명과 협력사 및 기타 인력 6,000명 등 총 1만 명을 고용할 예정이다. 공장에서 근무하는 인력이 늘어나면 이를 지원하는 서비스업과 관련 산업도 획기적으로 늘어나게 되는데, 그 규모가 적어도 5배 정도는 될 것으로 예상된다. 전체적으로 보면 삼성전자의 투자로 인구가 최소 5만 명 정도는 증가할 거라 예상할 수 있는데, 현재 평택시 인구가 약 47만 명인 점을 감안하면 '폭증'이라 표현할 수 있을

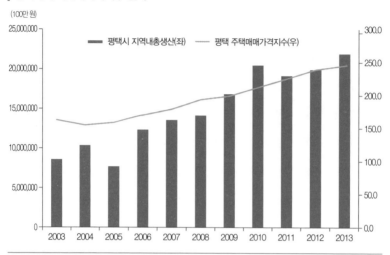

(100만 원)

범례
■ 평택시 지역내총생산(좌)
― 평택 주택매매가격지수(우)

출처: 통계청, KB국민은행

것이다. 덕분에 평택시의 주택가격은 전국 평균과 서울 평균을 상회하는 상승세를 계속 보여주고 있다.

평택시의 경우 비교적 다양한 산업으로 구성되어 있어서 향후 산업 변화에 따른 충격이 크지 않을 가능성이 높다. 하지만 중국과의 교역 축소 또는 삼성전자의 공장 폐쇄 같은 일이 벌어진다면 반대 효과가 나타날 것이다. 즉 지역 경제 불황과 고용축소, 인구감소, 주택가격 하락의 과정을 겪을 수 있다.

최근 미국 뉴욕주는 셰일가스 개발을 허용하지 않고 있는데, 그 이유가 재미있다. 셰일가스 개발은 외곽의 소규모 마을에서 많이 이루어졌는데 작은 마을에 노동자가 몰려들면서 주택가격이 3~5배 이상 폭등하고,

레스토랑 등 서비스업 폭증과 동시에 물가까지 수직상승했다. 이후 셰일가스 채굴이 끝나면서 모든 노동자들이 사라지고, 지역 자체가 황폐화하는 현상이 나타났다. 지역적인 버블과 그 붕괴현상이 빠르게 진행됨에 따라 마을 자체가 폐허에 이를 지경이 되자 뉴욕주는 셰일가스 개발을 금지하기로 한 것이다.

특정산업에 대한 지나친 의존은 해당 도시의 성장과 몰락 사이클을 짧게 하므로, 이를 다변화시키고 이후 산업 발전에 대한 끊임없는 노력을 해야 한다. 이러한 노력 없이는 허망하게 도시가 쇠락할 수 있으므로 이 역시 새옹지마인 셈이다.

도시의 몰락에서 살아나는 영국도시?

최근 정부에서 도시재생 등을 언급하며 많이 회자되는 도시들이 있다. 그중에서도 맨체스터가 많이 알려져 있으며, 최근에는 축구 때문에 더 많은 사람들이 친숙하게 여기고 있다. 그러나 맨체스터는 큰 아픔을 지닌 도시다. 20세기 대부분에 걸쳐 지속적으로 쇠락을 경험한 맨체스터는 과거의 영화를 되찾기 위해 몸부림치고 있고, 비록 약간의 성과를 거두고 있지만 전성기로 돌아갈 가능성이 그리 커 보이지 않는다.

산업혁명이 막 시작되던 무렵인 1789년 최초의 증기기관 면 공장이 맨체스터에 건설된다. 1830년에는 무려 104개의 공장이 건설될 정도로 활황이었고, 이후 세계 최고의 면직물 생산량을 자랑하며 '코트노폴리스'

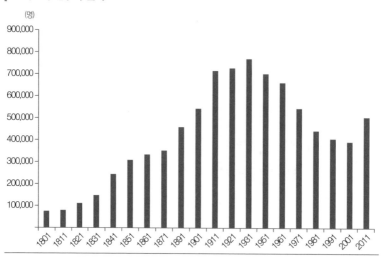

출처: 영국 내셔널 센서스

라 불리기까지 하였다. 석탄의 산지였기 때문에 많은 공업단지들이 유입되었고, 값싼 시골의 노동력 유입 영향도 컸다. 이외에도 1773년 운하 개통과 1830년 철도 개통의 영향도 컸다. 지금까지의 내용을 보면 우리나라 공단 개발과 비슷한 느낌이다. 그러나 20세기 들어 도시, 산업 문제 등에 시달리며 경제적 활력을 잃게 되었고 한 세기 내내 쇠퇴하게 된다.

인구센서스 자료를 보면 더욱 분명하게 드러난다. 1801년에 7만 명이었던 인구가 급속도로 증가하여 1931년에는 76.6만 명까지 늘어난다. 이후 감소하여 2001년에는 39.3만 명으로 줄어들었다가 최근 다시 상승하여 2011년에는 50만 명을 조금 넘고 있다. 현재는 대학생 인구 비율이 가장 높고, 학문과 문화 중심지라는 이미지로 도시를 탈바꿈하고 있으며, 주변 도시 인구를 흡수해 성장 중이다. 하지만 과거의 영광을 그대로 재현하기엔 부족한 감이 있다.

글래스고도 마찬가지이다. 이 도시는 오래 전부터 발달한 항구를 바탕으로 각종 산업이 발전해왔다. 산업혁명 이후에는 매장되어 있던 철광석과 석탄을 바탕으로 제철업과 조선업 등이 발전하였지만 이후 쇠락의 길을 걷게 된다. 1791년 인구가 6.6만 명에서 시작해 1951년에는 108.9만 명까지 성장하였으나 산업 쇠락으로 인해 2001년에는 거의 절반 정도인 58.7만 명까지 줄어들게 된다. 이후 도시재생 등을 통해 조금씩 인구가 늘고 있지만, 맨체스터와 마찬가지로 과거 전성기를 회복하기는 힘들어 보인다.

미국도시는 과거의 영화를 찾을 수 있을까?

세계적으로 산업의 움직임은 거대하게 펼쳐진다. 18~19세기에는 영국의 도시들이 그 정점에 있었다. 맨체스터와 글래스고 등에서 생산하는 직물과 철강은 전 세계 생산의 40%를 차지할 정도였다. 그러나 이러한 산업은 이후 독일과 미국으로 넘어갔고, 미국의 경우 철강도시 피츠버그, 자동차도시 디트로이트 등이 산업의 집적지가 되었다.

이후에는 일본의 도시들이 성장하였고 이를 따라 우리나라도 발전하게 된다. 최근에는 중국으로 주요 산업이 넘어가고 있고 이후에는 인도, 아프리카 등으로 계속 이전하게 될 가능성이 크다. 이렇게 된다면 해당

산업에 특화된 도시의 인구는 계속 감소할 가능성이 크고, 이에 따라 주택가격도 하방 압력을 받게 될 것이다.

특정 산업에 의존하여 급성장하였다가 급속히 쇠락하면서 빈집이 대량 발생해 거품이 꺼진 사례들이 있다. 미국에서는 철강도시 피츠버그와 디트로이트 등 러스트벨트Rust Belt 도시들이 그렇다.

자동차 산업의 메카이면서 로보캅의 도시인 디트로이트는 1820년에 인구가 1,422명에 불과했으나 이후 계속 증가하여 1950년에는 무려 185만 명에 이르게 된다. 이후 글로벌 산업 개편에 따라 2010년에는 전성기 때 인구의 40%에도 못 미치는 71만 4,000명으로까지 줄어들었다. 최근까지도 계속 줄어들고 있으며, 세입자가 실제로 그 집에 거주하지 않는 비율이 19.9%에 이를 정도가 되었다. 2009년에는 〈포브스〉가 선정한 '미국의 가장 버려진 도시' 순위에서 2위를 차지하였다.

1800년대 초반에 발달된 교통여건을 기반으로 성장한 피츠버그도 유사하다. 1800년대 중반에 철강과 유리공업의 중심지로 성장하였고, 이후 산업 번창으로 인구가 폭증하게 된다. 1900년대 초반에는 세계의 유리와 철강 소비의 절반을 생산할 정도로 막강해졌고, 세계대전 기간 동안에도 계속적으로 생산하였으나 이후 세계적인 산업 구조조정으로 인해 철강 산업이 쇠퇴하게 되었다. 1980년에서 1986년 사이에는 제조업 고용이 42%나 감소하여 그야말로 '초토화'되었다.

1950년 67만 7,000명까지 인구가 급상승하였으나 이후 절반 이하인 30만 명 정도까지 감소하게 된다. 이렇게 미국에서 쇠락하게 된 철강 산

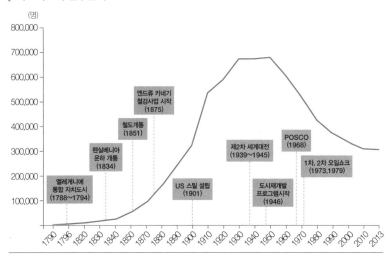

│ 피츠버그의 인구변화

(명)

- 엘레게니에 통합 자치도시 (1788~1794)
- 펜실베니아 운하 개통 (1834)
- 철도개통 (1851)
- 엔드류 카네기 철강사업 시작 (1875)
- US 스틸 설립 (1901)
- 제2차 세계대전 (1939~1945)
- 도시재개발 프로그램시작 (1946)
- POSCO (1968)
- 1차, 2차 오일쇼크 (1973,1979)

업은 일본의 기타큐슈 등에서 부활하였다가 다시 쇠퇴하게 되었고 이는 한국의 포항, 광양, 당진 등 철강도시의 호황으로 대체되었다. 그러나 이러한 추세가 다시 중국 등 다른 나라로 넘어갈 가능성이 커 이들 도시 역시 불안하다고 봐야 할 것이다.

탄광도시 태백시

우리나라에서 가장 먼저 쇠퇴하기 시작한 도시로는 광업 중심도시였던 강원도 태백시가 있다. 일찍이 1970년대부터 석탄 관련 광업으로 발전을 시작한 태백에는 우리나라에서 가장 큰 무연탄광인 장성탄광 등

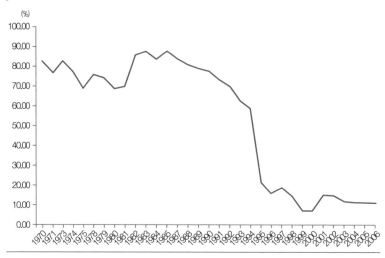

출처: 행정안전부, 각 년도 한국도시연감

여러 탄광이 있다. 최고 전성기 때는 우스갯소리로 길거리의 강아지도 지폐를 물고 다닐 정도로 호황이었다고 한다. 10여 년 전 태백에 갔을 때 현지 주민들한테 들은 이야기로는 과거 전성기 때 시내 중심가의 땅이 평당 1,000만 원을 넘었다가 하락했는데, 최근에 카지노가 생기면서 다시 상승하였다고 한다.

태백시의 고용을 보게 되면 전체 산업종사자 대부분이 광업에 종사했던 기형적 도시임을 알 수 있다. 이렇게 특정 산업에 편중된 도시는 대내외적 여건 변화에 따라 쉽게 쇠락할 수 있다. 계속되는 국제원유가 인하로 인해 석탄 대용으로 석유가 많이 사용되기 시작했고, 인건비 등 생산원가 상승으로 인한 채산성 악화와 양질의 저가 석탄수입으로 태백시는

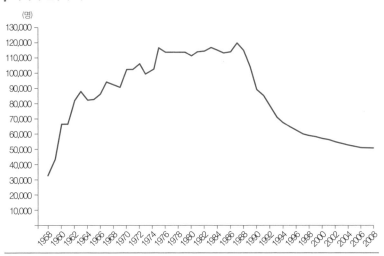

│ 태백시 인구추이

(명)

130,000
120,000
110,000
100,000
90,000
80,000
70,000
60,000
50,000
40,000
30,000
20,000
10,000

1958 1960 1962 1964 1966 1968 1970 1972 1974 1976 1978 1980 1982 1984 1986 1988 1990 1992 1994 1996 1998 2000 2002 2004 2006 2008

출처: 태백시청

치명적 타격을 입게 된다. 여기에다 생활수준 향상으로 인한 청정에너지 선호도가 계속 영향을 미쳤다.

결국 정부는 1987년 석탄산업의 구조개선을 위한 석탄산업합리화 정책을 계획하게 되었고, 1989년을 기점으로 태백시 석탄산업은 사양화되기 시작하였다. 1986년 당시 태백시의 광업 종사자수는 전체의 61%에 달했으나 이제는 10% 정도로 명맥만 유지하는 상태가 되었고, 정책 이후 50여 개에 이르던 광산 대부분이 폐업하게 되었다.

폐광으로 인한 실직은 이주로 이어졌고 상점들 또한 경기침체를 이기지 못해 폐점하며 지역상권이 초토화되었다. 성장의 상징과 같았던 주택들은 버려져서 빈집이 속출하였고 이는 쇠락을 더욱 가속화시켰다. 최근에는 이러한 주택들을 관광 자원화하고 카지노와 골프장, 스키장 등을 건설하는 등 노력은 하고 있으나 기대만큼의 인구 회복은 이뤄지지 않고 있다.

태백시의 인구를 살펴보면 초기에 인구가 급속도로 증가하여 1987년에 12만 명으로 정점을 찍고, 이후 급속히 쇠퇴하여 2016년에는 4만 7,000명으로까지 줄어들게 된다. 정점에서 현재까지 무려 60% 정도 감소한 것이다. 태백시의 사례에서 '도시의 성장을 나타내는 인구는 산업의 영향을 전적으로 받고 있고, 그 중에서도 특히 고용에 영향을 받고 있다'는 사실을 잘 알 수 있다.

지역별로 주택가격을 조사한 것이 오래되지 않아 과거 기록은 구할 수 없으나, 2000년 이후의 자료를 살펴보아도 고용과 인구가 지역의 주택가격에 미치는 영향을 짐작할 수 있다. 2000년 우리나라 인구가 4,700만 명에서 2016년 5,125만 명으로 9% 상승하는 동안 태백시는 5만 7,000명에서 2016년 4만 7,000명으로 오히려 17.5% 감소하였다. 이때 주택가격은 어떻게 움직였는지 살펴보자.

다음 페이지 그림에서와 같이 전국 주택매매가격지수에서 2000년을 100으로 보았을 때 2016년 196으로 거의 두 배 가까이 오른 데 반해, 태백시는 100에서 134.7로 34.7% 상승에 그치고 있음을 알 수 있다. 물가상승률을 차감한다면 심각한 하락으로 볼 수 있다. 상승률의 차이가 61.3%나 난다. 같은 기간 동안 서울 강남의 경우는 136.5% 상승하였으니, 태백시에 집을 갖고 있었던 사람은 많이 허탈하였을 것이다.

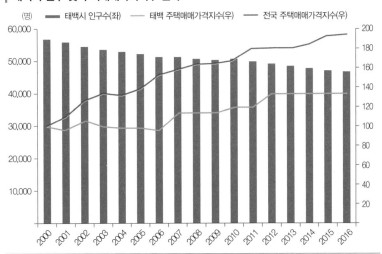

주택매매가격지수 2000년=100   출처: 부동산 114, KB국민은행, 통계청

　공시지가의 변동도 드라마틱하다. 태백시의 공시지가 상승률을 그래프로 표현해보았다. 1989년에 서울과 강남, 강원도의 공시지가가 각각 33.5%, 47.2%, 25.5% 오른 데 반해, 산업이 급격히 위축되고 있던 태백시는 겨우 2.2% 오르는 데 그쳤다. 상대적으로 워낙 오르지 않았기 때문에 그 이후에는 상승률이 크게 차이가 나지 않는다. 특히 1990년의 경우 서울, 강남, 강원도의 공시지가 상승률이 31.2%, 36.7%, 12.0%임에 반해 태백시는 오히려 -1.4%를 보여주고 있다. 이는 석탄 산업합리화 정책으로 인해 고용이 급격히 감소하는 과정에서 부동산가격도 큰 타격을 입었음을 보여준다.

　1996년에 다른 지역과 달리 큰 폭의 상승률을 기록한 것은 폐광지역

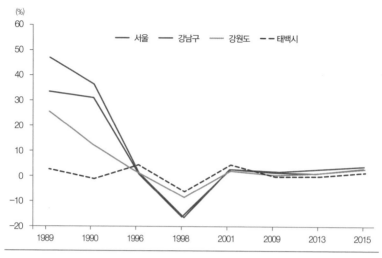

출처: 국토교통부

에 관한 특별법이 제정되어 영향을 미쳤기 때문으로 보인다. 2001년에
는 카지노 개장이 태백의 지가까지 상승시키는 요인으로 작용하였으나,
2013년도에는 오투 리조트 경영부진과 태백시 채무증가에 따른 불안감
으로 거래가 감소한 데다 긴축재정에 따른 지역경기 침체가 가중되어 오
늘에까지 이르고 있다. 과연 계속해서 지역경제가 성장하고 이에 따라
주택가격도 오를 수 있을까?

조선도시 거제시

최근에 주목할 만한 도시로는 거제시가 있다. 1980년대 중반 삼성중

공업과 대우조선해양이 입주한 국가산업단지가 활성화됨에 따라 인구가 지속적으로 증가하였다. 이에 따라 주택가격도 계속 올랐다. 2000년부터 인구가 최고조에 달했던 2014년까지 주택가격 상승률을 비교해보면 전국과 서울, 강남구의 경우 85.1%, 100.6%, 124.7% 오른 데 반해, 거제시의 경우 무려 214.1%나 상승하였다. 이는 조선업 활황에 따라 고용이 계속 늘어나고 이에 따라 외부에서 계속 인구가 유입되었기 때문이다.

그러나 조선업 불황과 이에 따른 구조조정이 진행되면서 주택가격은 큰 폭으로 떨어지게 된다. 즉 전국과 서울, 강남의 주택가격은 2014년 대비 2016년에는 5.8%, 7.5%, 5.3% 오른 데 비해, 거제시는 5.8%나 하락하게 된다.

┃ 거제시 인구와 주택가격

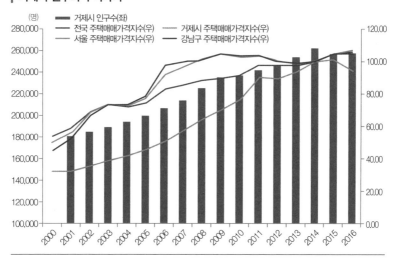

주택매매가격지수 2014년=100

출처: 통계청, KB국민은행

최근에 본격화된 구조조정으로 수천 명에 이르는 직원이 감원되었고 앞으로도 감원될 예정이어서 앞날이 어둡다. 게다가 양대 조선소가 중장기적으로 30%의 감원을 계획하고 있다니 더욱 암울한 듯하다. 이에 따라 최근에는 거제시 인구유출이 인구유입보다 많아지는 현상이 계속되고 있고, 앞으로도 진행될 예정이다.

고용률 자료가 오래전부터 존재하지 않아 최근 것으로 파악을 해보니 2015년 상반기에 정점을 찍고 하락하고 있는데 이 시점에서 주택가격도 고점을 찍고 급격히 하락세를 보여준다. 아직 학계에서는 고용률 지표를 사용하여 주택가격을 추정하지 않고 있으나, 그림을 보면 긴밀한 관계가 있음을 직관적으로 알 수 있다.

| 거제시 주택가격 및 고용률 추이

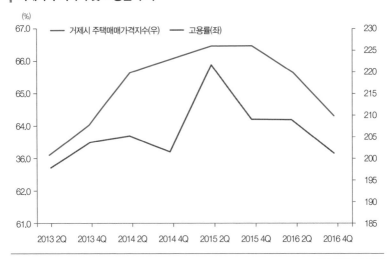

출처: 부동산 114, 통계청

우리나라에는 거제시와 같은 도시들이 많이 있다. 특정 산업이 호황일 때 그 산업이 쇠락하는 경우를 대비하지 않으면 그 피해는 거주민들이 고스란히 입게 되므로 지금 잘나가는 도시라 해서 마냥 안심할 수 없다. 특히 최근에는 글로벌 산업구조 재편 속도가 더욱 빨라지고 있어서 계속적인 신규산업의 유치를 통한 활력 유지가 필요하다.

부 동 산 왜 버 는 사 람 만 벌 까

PART

4

주택가격,
계속 오를까?

부동산가격 상승의 법칙

"주택가격은 계속 오를까?"

모두가 궁금해 하는 질문이다.

결론부터 말하면, "지역에 따라 차이가 있으나, 큰 도시 즉 대도시는 오를 가능성이 높다"는 것이다. 지구상 거의 모든 국가의 정부는 주택가격 안정화를 내세우며 정책을 펴고 있다. 정확히 말하면 '물가상승률 정도의 주택가격 상승'을 목표로 하고 있기 때문에 정책적으로 봐도 주택가격은 올라야 한다.

게다가 정치적으로도 주택가격을 떨어뜨리는 건 곤란하다. 대략 우리나라 사람의 60% 정도가 자기 집을 갖고 있다. 물론 자기 집에 사는 비율은 이것보다 낮지만 기본적으로 상당수 국민이 주택을 가지고 있다.

그런데 국민 대다수가 "주택가격이 높기에 떨어져야 한다"고 말한다. 하지만 "당신이 가진 주택가격이 떨어져야 한다면 어떻겠느냐"고 물어보면 답은 다르다. 본인이 소유한 주택은 오르거나 최소한 떨어지지 않아야 하고, 나머지 집들이 떨어져야 한다는 것이다. 이들의 말을 종합하면 우리나라 주택의 60%는 오르거나 최소한 떨어지지 않아야 하고, 나머지 40%만 떨어지는 아주 웃기는 상황이 벌어진다. 그리고 주택가격이 떨어진다는 것은 그 나라 경제가 이미 '맛이 갔다'는 것이므로 아주 무모한 이야기이기도 하다.

주택가격은 떨어지기도 하고 오르기도 한다. 그러나 중장기적으로 보면 계속 올랐다는 점을 기억할 필요가 있다. 그럼에도 불구하고 지금부터 설명할 몇 가지 요소들은 꾸준히, 주의 깊게 살펴봐야 한다. 부동산 가격은 지역에 따라 천차만별이기 때문에 각 지역에서 다음 내용들이 어떻게 진행되는지도 체크해야 한다.

장기적 주택가격 움직임

주택가격의 움직임을 알기 위해선 역사적으로 어떻게 움직였는지를 파악하는 것이 중요하다. 앞에서 우리나라의 주택가격을 살펴볼 때 KB 국민은행에서 개발한 지수를 사용한 이유도 1986년부터 장기간 지수를 발표하였기 때문이다. 국토교통부의 실거래가 조사는 2006년부터 했기 때문에 기간이 너무 짧고, 그래서 아직 의미 있는 추세를 살펴보기 힘들

네덜란드 암스테르담의 헤렌그락트 운하지구 ⓒ Jane023

│ 연도별 헤렌그락트 주택가격 변동

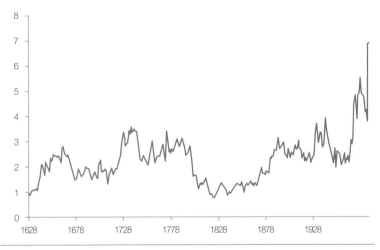

1628년=1

출처: 《Geltner et al, Commercial Real Estate: Analysis and Investment》, 2014, p.93

다. 가장 오랜 기간 조사했다는 KB주택매매가격지수 역시 30여 년 정도밖에 되지 않아 그 이상의 역사적 추이를 살피기 위해서는 해외의 연구를 참조해야 한다.

가장 오랜 기간 주택가격을 추적한 사례는 에익홀츠Eichholtz와 겔트너Geltner 교수가 진행한 연구다. 1628년부터 1974년까지 무려 347년간 네덜란드 암스테르담의 헤렌그라트Herengracht 운하지구의 주택가격을 추적했다. 당초 3~5층의 집으로 건설되었는데 지금도 대부분이 그 상태를 유지하고 있어 예스러움을 아직 간직하고 있으며 운하는 관광코스로도 유명하다.

물가상승률을 제거한 실질가격을 조사하였는데, 그 결과물로 앞 페이지 그래프가 도출되었다. 347년 동안 연평균 상승률은 0.56%이다. 수치만 보면 다소 실망스러울 수도 있겠다. 그러나 앞서 우리나라 주택매매가격지수를 살펴보았을 때 1986년부터 2016년까지 전국의 실질가격은 오히려 빠졌고 서울은 유지, 강남은 상승한 것을 알 수 있었다. 이와 대비해보면 암스테르담과 같은 대도시의 주택가격은 그래도 강하게 상승한다는 사실이 드러난다.

다음 페이지 그래프들은 뉴욕과 런던, 서울의 주택가격 변화를 표현한 자료다. 뉴욕과 런던의 경우 행정구역상 근처 대도시권까지 포함한 가격 변화를 보여주고 있다. 우리로 따지면 수도권 정도로 이해하면 될 것이다.

뉴욕의 경우 2011년까지만 표현되어 있어서 하락이 상당히 진행되는

뉴욕 대도시권의 주택가격 변화

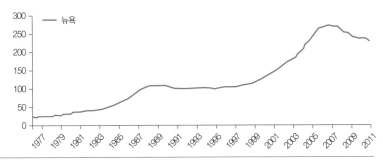

1분기 기준

런던 대도시권의 주택가격 변화

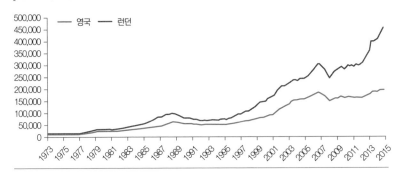

서울과 수도권의 주택매매가격지수 변화

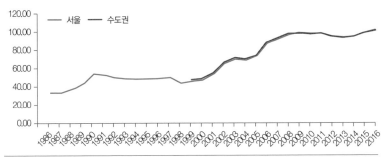

출처: KB국민은행

것으로 보이나, 미국의 서브프라임발 금융위기가 발생하기 직전인 2006년에 정점을 찍고 나서 2011년 이후에는 가격을 회복해 다시 최고점을 찍는다.

런던의 경우는 더욱 급격하다. 금융위기의 조정도 금세 극복하고 역사상 최고점을 연일 경신하고 있다. 그러나 브렉시트 이후 가격 조정을 받고 있는 것으로 알려져 있다.

이에 비하면 서울은 상승도 그렇고 하락 조정도 별로 받지 않는 상대적으로 밋밋한 그림을 보여주고 있다. 그러나 전술한 사례와 그 외 해외 대도시 사례를 감안할 경우 '하락세로 돌아설 것이다'라고 볼 이유는 없어 보인다. 게다가 별로 신뢰할 만한 지수는 아니지만 2015년 기준으로 전국 주택보급률이 96%이고, 수도권은 97.9%임을 감안하면 공급이 많이 부족한 상황이기에 더욱 그러하다.

경제가 성장하면 계속 오른다

앞에서 "경제가 성장하면 주택가격도 오른다"는 뻔한 이야기를 하였다. 여기에 인구까지 늘어나면 주택가격은 더욱 오를 것이다. 앞에서 살펴본 일본의 경우 인구감소와 경제성장률 마이너스가 동시에 나타난 사례고, 세계적으로 그러한 예는 드물기 때문에 예외로 봐야 할 것이다. 실제 한양대 이창무 교수가 연구한 자료에 따르면 소득과 인구변화를 감안한 수요가 2043년까지는 계속 늘어나는 것으로 나타났다. 수요가 계

■ 일인당 GDP와 주택매매가격지수 변화

(만원)

—— 1인당 국내총생산(명목, 원화표시, 좌) —— 고용률(%, 우) —— 주택매매가격지수(우)

속 늘어난다는 말은 단기적으로 그리고 (지역적으로 조정은 있을지라도) 중장기적으로는 가격 상승 가능성이 높다는 의미다.

앞 페이지 그림에서 보듯 지금까지 일인당 GDP가 꾸준히 증가해왔고, 앞으로 상승세가 최소한이라도 유지된다면 주택가격은 오를 가능성이 크다.

일본에서 한때 유행한 단어 중에서 '슬림경제'라는 말이 있다. 향후 일본 전체의 경제성장률 상승은 포기하고 일인당 GDP 상승에만 집중하자는 것이다. 즉 인구가 감소함에 따라 국가경제는 위축되나 국민소득이 증가하면 버틸 수 있다는 의미다. 우리도 장기적으로 봤을 때 일본과 같은 상황이 올 수도 있다. 그러나 그건 너무 먼 미래의 이야기이므로 지금 당장 주택가격을 판단할 때는 기우에 불과하다.

경제성장률과 주택가격 상승률을 보면 비슷하게 움직이고 있음을 알 수 있다. 1980년대의 3저 호황과 올림픽 특수로 인한 가격 급등이 있었으나 정부가 200만 호 공급이라는 초강수를 두면서 1990년대 내내 주택가격은 안정적으로 유지되었다. 이후 경제여건에 따라 주택가격이 오르기도 하고 떨어지기도 하는 모습을 보여준다. 최근에는 경제성장률이 낮아짐에 따라 주택가격 상승률도 진폭이 좁아지면서 어느 정도 안정적 모습을 보이고 있다.

그러나 주택가격을 경제성장률 하나만으로 해석하는 것은 무리다. 주택가격이 안정적으로 유지되었던 북유럽국가들은 경제성장률이 정체되어 있음에도 불구하고 노르웨이와 스웨덴 등 대도시에서 가격이 폭등하

출처: 한국은행 거시경제지표, KB국민은행

였다. 노르웨이의 경우 2010년부터 2015년까지 30%나 올랐는데 연평균 경제성장률은 고작 1~2%에 그쳤다. 기본적으로 주택가격은 경제성장 추이에 민감하지만, 다른 요인들도 큰 영향을 준다고 볼 수 있다. 특히 초저금리로 인해 투자처를 찾지 못한 풍부한 자금들이 부동산에 쏠리면서 가격 급등이 일어났다고 볼 수 있는데, 이렇게 경제적 펀더멘털이 약한 상태에서의 가격급등은 이후 급락조정을 겪는 것이 일반적이다.

지금까지 선진국들의 경제성장률과 주택가격 변화를 살펴보았는데, 선진국들은 대개 연평균 2% 내외의 낮은 경제성장률에도 불구하고 주택가격이 꾸준히 오르는 모습을 보여주었다. 우리나라의 경제성장률이 2016년에 이어 2017년에도 2%대로 예상됨에 따라 저성장기조 고착화를 우려하는 목소리가 많다. 하지만 오히려 우리가 그동안 고성장에 너무 익숙했던 게 아닌가 하는 생각도 든다.

인구가 증가하면 계속 오른다

지구의 나이를 아는가? 대략 45억 살 조금 더 되는 것으로 알려져 있다. 앞으로도 10억 년은 더 존재할 가능성이 높다고 하는데, 얼마 전 영국의 유명한 학자인 스티븐 호킹 박사가 지구 수명이 앞으로 1,000년 남았다고 주장하면서 새로운 행성을 찾아야 한다고 했다. 2002년에는 세계야생동물기금이 "지금과 같이 자원을 사용할 경우 2050년이 되면 지구 수명이 끝날 것"이라고 경고하기도 했다.

"어쨌든 지구는 멸망하니 지금 집을 팔아야 한다"는 주장과 비슷한 얘기가 최근 계속 회자되고 있다. 이러한 종말론의 기원은 의외로 오래되었다. 서기 1000년에는 천년 종말론이 유럽을 휩쓸었고, 1990년대 말과 2000년대 초반에는 또 다른 새 종말론이 나타나기도 하였다.

학술적으로 분석해 종말론을 주장한 예로 유명한 인물이 18세기 중엽의 맬서스Thomas Robert Malthus다. 인구는 급속히 늘어나는데 식량 생산은 받쳐주지 못하기 때문에 '맬서스 함정Malthusian Trap'에 빠져 성장에 제한을 받는다는 주장이다. 그러나 인류는 끊임없이 기술 혁신 등을 통해 성장해왔고 앞으로도 그럴 가능성이 높다. 이러한 주장의 최신판은 아마 '로마클럽'이 아닌가 생각된다. 1970년대에 〈성장의 한계The Limits to

Growth)라는 보고서를 통해, 당시 추세로 개발된다면 20세기 말에는 자원고갈과 경제 붕괴가 일어날 것이라고 예측하였다. 그러나 그런 일은 일어나지 않았다.

우리나라에서도 "앞으로 인구가 줄어들어 큰 고통을 겪게 될 것"이라 말하는 사람들이 꽤 있다. 실제로 사회에 어느 정도 메시지를 전달하는 연구가 나온 적이 있다. 2014년 국회 입법조사처에서 진행된 것인데, 현재 출산율이 지속된다면 2750년에는 대한민국 인구가 '0명'이 되어 멸종한다는 것이었다. 여성의 합계 출산율이 1.19명으로 지속될 경우 약 129년 후에는 인구가 1,000만 명으로 급속히 줄어들기 시작해 2172년에는 인구 500만 명, 2198년 300만 명, 2379년 10만 명, 2503년 1만 명, 그리고 2750년에 결국 전멸하게 된다는 것이다. 2010년에도 삼성경제연구소가 비슷한 숫자를 제시한 적이 있는데 2500년이 되면 인구가 33만 명으로 줄어든다고 예상하였다.

해외에서도 우리나라를 인구소멸 1호 국가로 언급할 정도로 저출산·고령화가 큰 문제이긴 하다. 국회의 연구에서는 (비현실적이긴 하나) 인구이동이 없다고 가정하여 인구 소멸시점을 16개 지자체별로 조사했다. 가장 빠른 건 부산으로 2413년에 인구 소멸을 겪게 되고, 경기도에서 마지막 생존자가 남는다고 한다. 의외로 부산이 가장 빨리 소멸한다고 하니 대도시가 호황을 누리는 세계적 현실과 다소 괴리가 있으나, 수도권이 가장 오랫동안 살아남는다는 것에는 어느 정도 공감 간다.

사실 이러한 연구는 경각심을 불러일으키는 정도로 해석해야지 너무

| 2031년 정점을 찍는 우리나라 인구

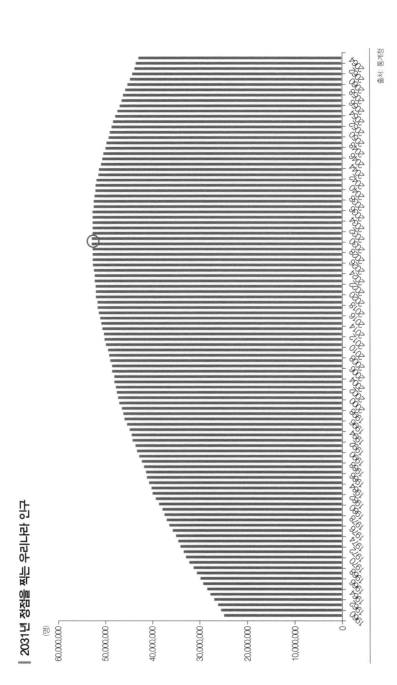

출처: 통계청

과다한 의미를 부여하는 것은 곤란하다. 대부분의 연구에서 인구 감소를 지적하고 있으니 이에 대한 대비는 해야 하나, 극단적인 예로 "2500년에 우리나라 사람이 거의 사라지니 지금 집을 팔자"는 식의 주장은 너무 과하다는 것이다. 그러나 우린 이런 식의 생각에 벌써 익숙해지고 있다.

향후 상당 기간은 인구가 증가함에도 불구하고 인구감소에 따른 가격 폭락을 걱정하고 있기 때문이다. 우리나라에서 인구예측을 가장 잘하는 기관은 통계청인데 최근 예측한 자료에 따르면 2031년 5,295만 8,000명의 정점을 찍을 때까지 계속 성장하다가 감소하는 것으로 보고 있다.

걱정되는 점이 없는 것은 아니다. 특히 고령화에 따른 문제다. 고령화가 진행되든 말든 간에 인구와 세대수만 늘면 기본적인 수요는 늘어난다. 그러나 과거와 다른 성질의 수요가 늘어남에 따른 시장 충격이 어느 정도인지 봐야 한다. 특히 우리나라 노인들은 선진국에 비해 너무 빨리 늘어나고 있으며 이들 노인 상당수가 빈곤선 아래에 있기 때문에 더욱 그러하다.

일반적으로 65세 이상 고령자가 인구 전체에서 차지하는 비중이 7% 수준일 때부터 고령화 사회, 14%까지는 고령 사회, 20% 이상은 초고령 사회라고 부른다. 통계청 자료를 보면 우리는 2000년 이미 고령화 사회에 진입했고, 2017년 고령 사회를 거쳐 2026년에는 초고령 사회에 진입할 예정이다. 그리고 2058년에는 고령자 비율이 전체 인구의 40%를 넘게 되는 암울한 상황이 예측되고 있다.

이 추세대로 간다면 15세에서 64세까지의 인구인 생산가능인구가 차

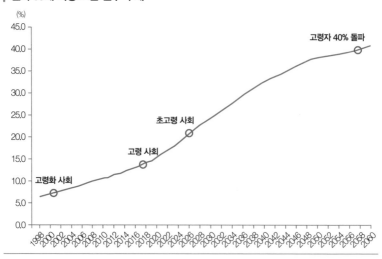

고령자 40% 돌파

초고령 사회

고령 사회

고령화 사회

출처: 통계청

지하는 비중과 65세 이상 고령자가 차지하는 비중이 2060년에는 거의 1대 1이 된다. 이는 곧 일하는 사람 1명당 부양해야 할 노인이 1명이라는 얘기다. 심각한 상황이긴 하다. 하지만 이러한 추세는 장기적이다. 지금 당장의 주택가격에 영향을 미치기엔 너무 이르다는 생각이 든다. 즉 향후 고령화가 급격히 진행되어 쇠퇴할 지역은 이를 미리 반영해 주택가격이 하락하거나 주춤할 가능성이 클 수 있지만, 아직 고령화가 크게 진행되지 않는 지역의 경우 걱정할 단계는 아닌 듯하다.

최근 서울 및 수도권과 지방 시장의 양극화는 이러한 우려가 미리 반영된 결과로 보인다. 서울 및 수도권은 풍부한 수요와 부족한 공급으로 인해 가격이 계속 오르고 지방은 고령화 및 지방산업 정체로 가격이 떨어지고 있다. 그리고 이러한 추세는 장기화할 가능성이 보인다. 고령화가 대도시에 미치는 영향은 상대적으로 적으나, 지방도시의 경우 매우 큰 영향을 미칠 것이다. 그 영향을 줄이기 위해 도시재생 등 다양한 정책을 시도하겠지만 선진국 사례를 보면 성공확률이 그리 높지 않다.

고령화 문제를 주택가격이 아닌 국가 정책 차원에서 보면 전혀 다른 이야기가 된다. 지금부터 고령화 문제에 대비하지 않으면 연금고갈과 경제파탄이 예상되므로 빨리 준비해야 한다. 그래서 각국 정부는 상당한 노력을 기울이고 있다. 프랑스는 정년을 60세에서 62세로 연장하느라 국론이 분열될 정도로 고통을 겪었고, 우리 역시 이런 상황이 곧 올 것이라 생각된다. 미국의 경우는 좀 다른데 나이차별 철폐법에 따라 정년 자체가 없어서 상대적으로 여유가 있다. 게다가 이민으로 인한 인구유입도 긍정적 요소이기에 선진국 중에서 여건이 좋은 편이다.

우리나라는 이러한 정책이 아직 지지부진해 암울한 상황이다. 출산율 올리기 정책의 지속 실현과 이민정책을 잘 활용하지 않으면 장기적 성장 정체로 인한 고통을 고스란히 받을 가능성이 크다.

선진국들은 과거 우리보다 일찍 고령화를 겪었다. 이 과정에서 그들은 얼마나 심각한 주택가격의 변화를 겪었을까? 조사해보면 의외로 그렇지 않다. 일본의 경우를 제외하고는 대부분 고령화와 상관없이 지속적으로 주택가격이 상승했다. 역사적인 사실이다.

다만 우리나라에서 우려되는 점은 고령 인구 비율이 7%에서 20%로 바뀌는 기간이 너무 짧다는 것이다. 프랑스의 경우는 1864년에 고령자

비율이 7%였고, 20% 달성은 2036년으로 예측되고 있어서 154년이나 걸릴 예정이다. 미국은 94년, 일본은 이들보다 훨씬 빠른 36년이 걸렸다. 우리나라는 26년 밖에 걸리지 않는다. 너무 짧은 기간에 큰 변화를 겪어야 하기에 사회적 충격은 더 클 것으로 전망된다. 그나마 중국이 우리하고 비슷하거나 더 빠를 것이라는 정도에서 살짝 위안이 될 뿐이다.

가구수가 늘어나도 오른다

인구총조사 자료에 따르면 1970년 인구수는 3,088만 2,386명, 가구수는 557만 6,277가구, 주택수는 441만 4,752호로 나와 있다. 시간이 흘러 2015년에는 인구수 5,106만 9,375명, 가구수 1,956만 603가구, 주택수는 1,636만 7,006호가 되었다. 인구수는 65.4%가 늘었고, 가구수는 250.7%, 주택수는 270.7% 늘어났다. 인구가 늘어나는 속도보다 가구수와 주택수가 늘어나는 속도가 더 빠르다. 그리고 가구수와 주택수의 증가율은 거의 비슷함을 알 수 있다.

주택가격의 움직임은 인구수 증가에 따른 영향도 받지만 실제 집을 구매하는 수요인 가구수의 영향을 더 크게 받는다. 그래서 주택수요추정을 할 때 인구성장 외에 가구수 추계도 반드시 중요하게 다루고 있다. 예전에는 가구 중에서도 실구매층인 30세에서 50세 정도까지의 가구주를 주요 수요층으로 보았다. 때문에 이들 인구가 줄어들기 시작하면 주택가격 역시 떨어진다는 이야기가 많이 나왔었다. 실제 이들 비중

│ 향후 가구수 추계

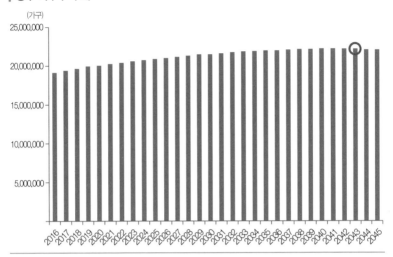

(가구)

은 2015년 정점을 찍고 조금씩 줄어들고 있다. 하지만 주택가격에 큰 영향을 끼치진 않는 듯하다. 평균수명이 연장되면서 자가주택을 좀 더 오래 유지하고자 하는 욕구가 커졌고, 저금리 상황에 마땅한 투자처도 없어서 고령층에서도 주택을 대거 구매하기 때문으로 풀이되고 있다. 그렇다면 향후 중요한 변수는 가구수의 증가 여부가 될 것이다.

2017년 통계청에서 가구수 추계를 발표하였다. 2043년 2,234만 가구까지 증가하고 이후 감소하는 것으로 발표되었다. 앞서 인구는 2031년까지 증가하고 감소하는데, 가구수는 이후로도 12년이나 더 증가한다는 것이다. 가구수만으로 본다면 당분간 하방압력은 없다고 보아도 안전할 듯하다.

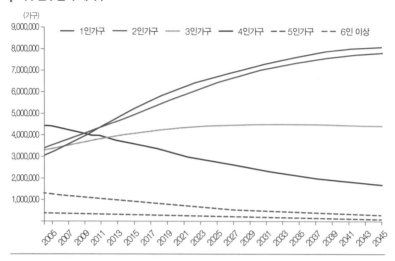

(가구)

9,000,000 ——— 1인가구 ——— 2인가구 ——— 3인가구 ——— 4인가구 – – 5인가구 – – 6인 이상

출처: 통계청

이렇게 전체적인 총량면에서는 큰 걱정이 없지만, 개별적으로 살펴보면 걱정할 부분이 좀 있다. 먼저 1~2인 가구로 대변되는 소형가구의 증가현상이다. 그림에서 보듯이 2020년에는 1인 가구 비중이 30%를 넘게되고, 2인 가구 비중도 2023년 30%를 넘게 된다. 1인 가구와 2인 가구의 합이 50%, 즉 절반을 넘긴 것은 2013년으로 이미 오래 전이다. 그래서 수 년 전부터 소형아파트가 인기를 끈 것이다. 그리고 일반가구의 대명사인 4인 가구 비중은 2002년에 30%가 깨지고, 2013년에는 20%로, 그리고 2033년에는 10%까지 추락할 것으로 예상된다고 한다.

최근에는 혼밥족, 혼술족, 혼행족 등이 유행하고 있고 이와 관련한 산업 및 사회 변화도 커지고 있다. 앞으로 이러한 추세가 더욱 강해질 것인데 반해, 우리나라 주택공급 방식은 이를 아직 따라잡지 못하고 있다. 과거엔 대부분의 일반가구가 3~4인으로 구성되어 있었다. 그런데 현재까지도 당시 수립된 정책의 틀을 크게 벗어나지 못하고 있다. 그래서 당분간 소형가구 증가에 따른 소형아파트 가격 상승세는 더욱 커질 전망이다. 1~2인 가구의 비중은 2022년에 60%를 넘게 되고, 2041년에는 70%를 넘길 전망이다. 지금부터 꾸준히 이러한 변화를 감안한 다양한 유형의 주거를 개발해 공급하는 것이 과제가 될 것이다.

노인 1인 가구의 증가

인구수와 가구수가 늘어남에도 불구하고 또 다른 걱정거리가 있다. 가구수 증가와 인구수 증가의 상당 부분을 차지하는 게 고령자라는 점이다. 특히 문제가 되는 것은 구매력이 약한 노인 1인 가구의 증가다.

노인 1인 가구는 만 65세 이상 노인이 혼자 사는 가구를 의미한다. 노인 1인 가구가 증가한 것은 고령화, 산업화, 도시화가 진행되면서 발생한 다양한 사회현상들에 기인한다. 특히 저출산과 의료기술 발달로 인한 고령화가 직접적 원인인지라 이 추세를 바꾸기는 쉽지 않은 상황이다. 서구식 사고의 유입으로 인해 핵가족화가 더욱 진전되고 있는 상황에서 노인 부양에 대한 책임감이 많이 약화되기도 했다. 노인들 역시 자식들에게 부담을 주기 싫어 혼자 살기를 선택하면서 노인 1인 가구가 증가하고 있다.

| 2015년 지역별 노인 가구 및 노인 1인 가구 비율

(단위: 명)

구분	전체 가구	노인 가구 (전체 가구 대비 비율)	노인 1인 가구 (전체 가구 대비 비율)
전국	1,911만 1,030	371만 9,624 (19.5%)	122만 3,169 (6.4%)
동	1,548만 7,901	257만 2,445 (16.6%)	79만 4,758 (5.1%)
읍·면	362만 3,129	114만 7,179 (31.7%)	42만 8,411 (12.0%)

자료: 국가통계포털(KOSIS), 인구주택총조사2015

그런데 우리나라 노인계층의 빈곤율은 2015년 기준 49.6%에 달해 OECD 1위를 기록하고 있다. 이는 향후 우리 사회에 큰 부담이 될 수 있음을 의미한다. 이를 주택가격과 관련지어 생각해본다면 노인 1인 가구의 증가는 주택가격 상승에 큰 도움이 되지 않을 것으로 보인다. 또 이들이 많이 거주하는 지역은 경제력도 약하고 일반 사람들이 꺼려하는 지역으로 바뀔 가능성이 크다.

게다가 노인 1인 가구의 지역별 분포를 보면 읍·면 지역에 많이 몰려 있어 이들 지역의 주택가격 상승은 더욱 제한될 수 있다.

이렇게만 본다면 굉장한 문제를 야기할 것으로 보이나, 몇 가지 고려해야 할 사항도 있다. 노인가구의 증가에 따른 경제쇠퇴도 지역별로 다르게 나타난다는 점, 그리고 우리나라 상황에서 그럴 가능성이 크진 않지만 만약 성공적인 정부 정책이 이어진다면 그 시점을 상당히 늦출 수 있다는 것이다. 실제 주요 선진국들은 정년을 계속 연장하고 있다. 일본의 경우 60세에서 65세로 정년을 연장하였고, 독일과 스페인은 65세에서 67세로 정년을 연장하였으며, 영국과 미국은 각각 65세와 70세였던 정년을 아예 폐지한 상태이다.

우리도 정년을 연장하는 추세가 최근 나타나고 있는데, 정년이 연장되어 경제가능인구가 늘어난다면 구매력 약화에 따른 부동산 시장 하락은 상당기간 늦출 수 있을 것으로 예상된다.

CHAPTER 2

하락 시나리오를 뜯어보자

금리인상과 주택가격

최근 미국발 기준금리인상에 대한 고민이 늘고 있다. 미국 금리가 인상되면 우리도 금리를 올리게 되고 그렇게 된다면 부동산 시장도 나빠질 가능성이 크기 때문이다.

그렇다면 실제 금리를 올렸을 때 우리 경제는 어떻게 반응하였는가를 먼저 살펴볼 필요가 있다. 과거에도 미국의 기준금리인상은 종종 있어 왔으나 우리나라 주택가격 조사가 늦게 시작되었으므로 가장 최근 미국이 기준금리를 지속적으로 인상한 시기인 1990년대 후반과 2000년대 중반을 살펴본다.

미국은 물가 불안 우려와 주식시장 급등 등의 원인으로 1999년 6월부

한국기준금리, 미국연방금리와 한국 주택매매가격지수

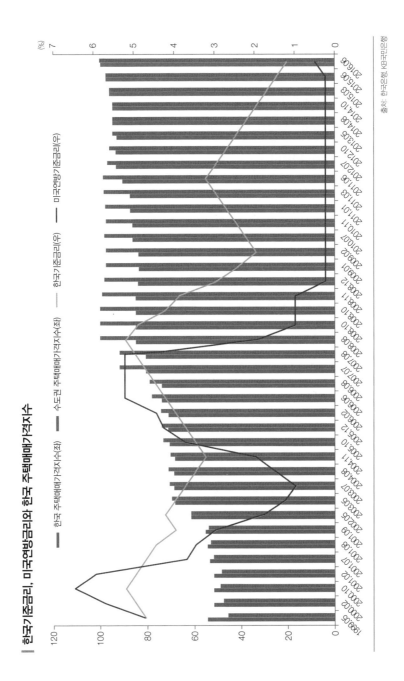

한국 주택매매가격지수(좌) ━━ 수도권 주택매매가격지수(좌) ━━ 한국기준금리(우) ━━ 미국연방기준금리(우)

출처: 한국은행, KB국민은행

터 2000년 5월까지 기준금리를 6차례에 걸쳐 1.75%p 인상한 바 있다. 그러자 미국이 기준금리인상에 나선지 8개월이 지난 시점인 2000년 2월부터 국내 기준금리가 오르기 시작하였다. 국내 기준금리는 2000년 2월에 4.75%에서 5.00%로, 2000년 10월 5.00%에서 5.25로 각각 0.25%p씩 두 차례 인상되었다.

미국은 2000년대 중반에도 부동산가격 급등과 물가 불안 등의 이유로 2004년 6월부터 2006년 7월까지 25개월 동안 총 17차례에 걸쳐 기준금리를 인상한 바 있다. 이 당시 1.00%에서 5.25%로, 인상폭이 무려 4.25%p나 되었다. 이때 국내 기준금리는 미국 기준금리인상에도 불구하고 2004년 8월과 11월 0.25%p씩 두 차례 인하하였고, 미국의 기준금리인상이 시작되고 상당기간 지난 2005년 10월 이후 기준금리를 올리기 시작하여 2008년 8월 5.25%까지 올라갔다.

과거 금리인상기 때 이것이 국내 실물시장에 미치는 영향은 제한적이었던 것으로 평가된다. 미국의 기준금리 변동 추이보다는 국내 경제 및 세계 경제의 회복세가 오히려 더 중요하였기 때문으로 보인다.

1990년대 후반 금리인상 시점에 전국 주택가격은 하방압력을 받았으나 수도권 주택가격은 오히려 상승하는 모습을 보여주었다. 또한 2000년대 중반의 금리인상기 때도 상승률이 낮긴 하지만 조금씩 계속 오른다. 일반적으로 금리가 인상될 때 주택가격은 하방압력을 받기 마련이다. 하지만 우리는 경제여건에 따라 그 현상이 나타나는 시차가 달랐고, 고금리 상태에서 주택가격이 상승하는 경우도 있었기에 직관적으로 보았을 때는 그 상관관계가 명확하지 않다.

그러나 대부분의 연구에서 금리인상은 주택가격 하락을 유발하는 것으로 분석되고 있다. 때문에 향후 금리인상으로 인해 (시차는 있을지언정) 주택가격이 떨어질 가능성은 굉장히 크다고 여겨진다. 여기에 사상최대 가계부채 규모와 기업구조조정 진행 등의 충격이 더해진다면 과거와 달리 국내에 주는 충격이 의외로 커질 수 있는 상황이다.

미국발 기준금리인상에 따른 우리나라의 기준금리인상, 그리고 2016년부터 시작된 가산금리의 상승은 안 그래도 가계의 원리금 상환부담이 점점 커지고 있는 상황에서 부담을 더욱 가중시킬 것이다. 여기에 주택담보대출금리까지 추가로 상승한다면 가계소비 감소와 이에 따른 경제위축이 진행되고, 결과적으로는 과거보다 훨씬 더 강한 주택가격 하방압력을 받을 가능성이 크다.

금리가 오르기 전에는 적은 이자비용으로도 집을 살 수 있었다. 하지만 금리가 오르게 되면 집을 사는 비용도 따라 오르기 때문에 수요가 과거보다 줄어들게 되고, 이에 따라 주택가격 하락 가능성이 커지게 된다.

만약 금리가 예상외로 빨리, 그리고 많이 오르게 된다면 서민경제가 걷잡을 수 없이 악화되어 경제에 큰 충격이 가해질 것이다. 대출금을 갚지 못해 집을 내놓는 사람들이 늘어나면서 주택가격은 더욱 하락할 가능성이 커지고, 이로 인해 과거 많이 회자되었던 '하우스 푸어' 문제가 다시 불거지게 될 것이다.

금리인상에 대한 미국과 우리나라의 입장을 살펴보면 과거처럼 급격하게, 그리고 빨리 올릴 것 같진 않으나 마냥 안심할 수 없는 상황인 것만은 분명하다.

베이비부머가 은퇴하여 집을 팔면 폭락한다?

2000년대 후반이었다. 우리나라에서 최대 인구 비중을 차지하는 베이비부머가 곧 은퇴하게 되면 주택가격이 폭락한다는 이야기가 돌았던 적이 있다. 베이비부머 즉 베이비붐 세대란 전쟁과 불경기를 겪은 후 사회적·경제적 안정 속에서 태어난 세대를 지칭하는데 전체 인구에서 차지하는 비중이 상당히 높다. 미국에서는 제2차 세계대전 이후인 1946년부터 1965년 사이에 출생한 세대를 베이비부머로 일컫고 있으며, 일본의 베이비부머인 단카이 세대는 1947년부터 1949년 사이에 출생한 세대를 지칭한다. 이들은 경제적인 성장에 익숙하고 풍요 속에서 비교적 높은 수준의 교육을 받았으며 다양한 사회문화적 변화에 기여하였다.

일본의 경우 이들이 초등학교와 중·고등학교에 다닐 때 애니메이션 문화가 발달하여 세계 최고수준으로 도약하였다. 이들이 대학교에 입학할 때는 입시경쟁이 치열해져 도쿄대에 입학하려면 7수를 해야 한다는 말까지 나오게 되었다. 이들이 은퇴를 하게 되자 일본경제가 흔들릴 정도로 큰 영향을 미쳤다고 한다. 그러나 이들의 은퇴 시점은 일본 버블 붕괴가 시작되고도 한참이 지난 2002년부터였다. 즉 베이비부머 은퇴로 인해 '경제 붕괴'까지 이를 가능성은 일단 낮아 보인다.

우리나라의 경우 한국전쟁이 끝나고 난 1955년부터 1963년에 태어난 세대를 베이비부머라고 한다. 이들도 이전 세대와 마찬가지로 우리나라 경제 성장에 큰 기여를 하였고 풍요의 시대를 이끌었다. 기록으로 정확히 남아 있진 않지만, 이들은 주택가격 때문에 지금 세대보다 더 큰 고통을 받은 세대이면서 동시에 주택가격 상승의 덕을 본 세대로도 평가받고 있다.

이들이 55세가 되는 해인 2010년부터 은퇴로 인한 주택가격 폭락론이 불거져 나왔다. 세계적인 사례를 살펴봐도 그 근거가 극히 희박했지만 당시 우리나라에서는 유행하였다. 베이비부머가 은퇴를 하게 되면 소득이 줄어들게 되고 줄어든 소득을 메우기 위해 대다수가 집을 일시에 팔 것이란 얘기였다. 그리고 결국 그렇게 늘어난 공급으로 인해 주택가격이 폭락한다는 논리다. 지나고 보면 웃기는 이야기지만 당시에는 제법 심각하였다. 특히 금융위기 이후 경제회복에 대한 불안감으로 인해 더욱 그랬다.

최근 50대 이상의 주택구입이 과거보다 오히려 늘고 있다는 조사 결과가 나오고 있다. 늘어난 수명으로 인해 주택을 더 오랫동안 갖고 있어야 하고, 장기간 초저금리가 유지되면서 갈 곳 잃은 투자금이 주택시장으로 몰려든 것이다.

그렇다면 이들은 계속해서 주택을 유지할 것인가? 그렇지는 않을 것이다. 이들도 더 나이가 들게 되면 결국 집을 팔아야 하고 그러면 늘어난 공급으로 인해 주택가격은 하방압력을 받을 가능성이 커진다. 다만 최

인구 변화와 주택매매가격지수

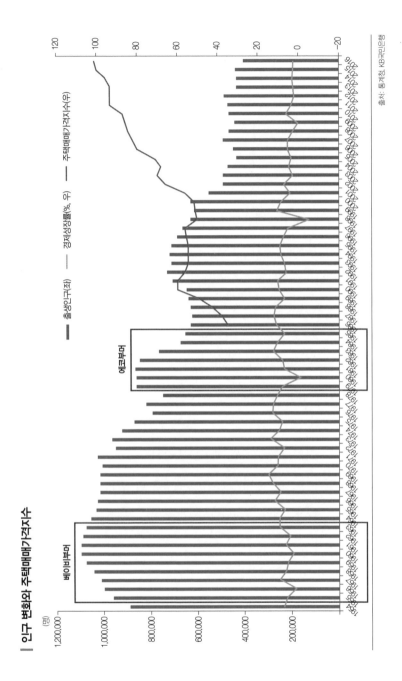

출처: 통계청, KB국민은행

근 역모기지의 일종으로 주택연금제도가 도입되면서 노인이 사망할 때까지 집을 유지하는 경우가 늘고 있기 때문에 예상보다는 충격이 크지 않을 수도 있다.

그렇다면 베이비부머는 언제쯤 집을 팔까? 은퇴시기인 55세에 집을 판다는 것은 역사적으로 '틀린 사실'이 되었지만, 그래도 언젠가는 팔아야 할 것이기 때문에 이 시기를 파악하는 것이 중요하다.

최근에 재미있는 이야기를 들었다. 자녀 결혼을 시킨 분의 사례인데 시사점이 있어 소개하고자 한다. 이 분은 현업에서 은퇴한 지 오래 되었지만 아직 과거에 갖고 있던 40평형대 아파트에서 살고 있다. 부부만 살고 있기에 청소 및 유지가 힘들기도 하지만 당분간은 계속 거주할 예정이라고 한다. "힘들게, 왜 그렇게 큰 아파트에 사세요?" 하고 물어보니, 자녀가 결혼할 때 즉 사위나 며느리가 될 사람이 왔을 때 소형아파트 혹은 임대아파트에 살면 위신이 서지 않는다는 것이었다. "그럼 언제 팔 예정이세요?" 하고 물으니, 손주가 곧 생길 텐데 애가 적어도 중학교는 들어가야 팔 수 있을 것이라고 답했다. "그건 왜 그래요?" 하니 손주가 간혹 놀러오게 되면 "할아버지 집이 좁아서 답답하다"는 소리를 듣기 싫어서란다.

집을 팔지 않는 여러 가지 이유 중 하나겠지만, 의외로 많은 사람들이 공감하는 말이다. 이를 감안하면 적어도 60대 중반 이상이 되어야 집을 내놓을 것으로 보인다. 때문에 베이비부머로 인한 충격을 지금 당장 걱정하진 않아도 될 것으로 보인다. 게다가 최근엔 결혼을 더욱 늦게 하는 추세인지라 베이비부머들이 집을 내놓는 시기 역시 늦춰질 가능성이 크다.

오히려 베이비부머의 은퇴보다는 '에코부머'의 문제가 더 클 것으로 보인다. 베이비부머가 20대 중반이 되는 해부터 자녀들이 메아리처럼 많이 출생하여 붙여진 이름인데 우리의 경우 그 수가 충분치 않아서 염려된다. 선진국들의 사례를 보면 베이비부머가 가진 주택을 에코부머가 받게 되므로 시장 충격이 적었지만, 우리는 '하나만 낳아 잘 기르자' 운동의 영향으로 그 숫자가 매우 적은 편이다. 그래서 단기적으로 큰 걱정은 없으나 어느 순간 베이비부머가 집을 팔기 시작하면 그 충격이 제법 있을 전망이다.

그리고 베이비부머들은 1980~1990년대의 소비주체였기 때문에 이들의 은퇴는 우리나라 경제에 어느 정도 부담이 될 것으로 보인다. 다만 이들이 새로운 형태의 소비주체로 떠오르고 있고 실버산업 발전에 따른 긍정적 측면도 상존하고 있어 일방적으로 악재만 있는 것은 아니라고 판단된다.

종합해보면, 고령층 증가에 따른 사회적 충격에 최대한 빨리 대비하지 않으면 경제에 큰 부담이 될 것이 분명하다. 사회 각층에서 준비해야 할 것이다.

인구절벽으로 인해 생산가능인구와 부동산가격이 하락한다?

최근처럼 유행어가 많았던 시기가 있나 싶다. 그중에서 경각심을 불러

일으키는 개념으로 '인구절벽'이란 단어가 있다. 해리 덴트가 《인구절벽 The Demographic Cliff》라는 책에서 제안한 개념이다. 이는 생산가능인구의 비율이 줄어드는 현상을 일컫는데, 특히 소비를 많이 하는 40대 중후반 인구가 줄어들면 소비위축 현상이 발생하고, 심각한 경제위기가 발생한 다는 것이다. 이에 따르면 2018년경 우리나라가 경제 불황을 겪을 가능 성이 크다고 한다.

이에 따라 2017년부터 생산가능인구가 떨어져서 폭락이 온다고 주장 하는 사람이 많다. 생산가능인구란 15세에서 64세에 해당하는 사람의 숫자를 의미하는데, 이들 인구가 경제성장을 주도하기 때문에 이들의 감 소는 큰 의미를 가진다고 보고 있다. 통계청에서 발표한 우리나라의 생 산가능인구는 2015년 기준으로 3,744만 명이고, 전체 인구대비 비율은 73.4%로 OECD(경제협력개발기구) 회원국 가운데 가장 높다고 한다. 그러 나 2025년이 되면 168만 명이 줄어 3,576만 명이 되고, 2045년이 되면 총 972만 명이 줄어 2,772만 명까지 떨어진다. 여기에 출산율마저 저조 하여 일본보다 생산가능인구 감소폭이 훨씬 클 전망이라고 하니 암울하 기까지 하다.

생산가능인구가 줄면 경제활동에 영향을 줘 GDP가 감소하고, 이에 따라 소비도 줄어들게 된다. 게다가 일하는 사람들이 노년층을 부양해야 하는 부담이 갈수록 커지게 되어 세대갈등 유발도 예상된다.

다음 페이지 그래프는 우리나라 부동산계를 뜨겁게 달구었던 그림이 다. 생산가능인구 감소 때문에 주택가격이 폭락한다는 내용인데 과연 그

한국 총인구와 생산가능인구

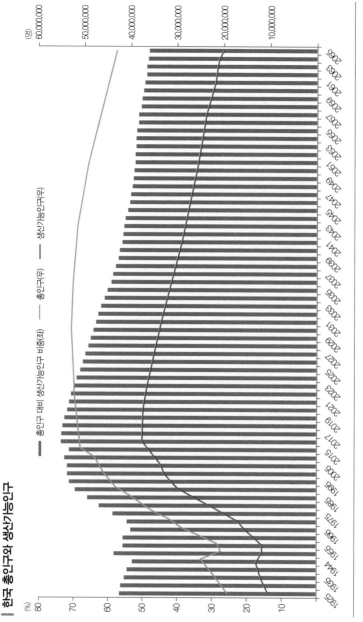

출처: 통계청

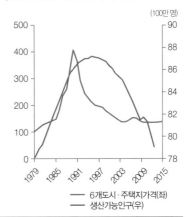

일본 생산가능인구와 주택가격 추이

(100만 명)

총인구(좌)
생산가능인구(우)

6개도시·주택지가격(좌)
생산가능인구(우)

자료: KB금융지주경영연구소

럴까? 일본만을 기준으로 본다면 생산가능인구 감소가 폭락으로 연결된다고 볼 수도 있을 것이다. 하지만 일본의 주택가격 폭락 및 장기하락은 워낙 다양한 요소가 복합적으로 작용한 결과다.

그러나 다른 나라 상황을 보면 이야기가 달라진다. 사실 선진국 중에서 생산가능인구가 감소한 나라를 찾긴 쉽지 않다. 특히 미국과 영국 등 개방적인 국가의 경우 이민을 활발히 받아들여 생산가능인구 감소 자체가 없다. 그나마 이탈리아와 프랑스 정도가 해당될 것이다. 이들 나라도 최근엔 난민들이 많이 유입되어 이러한 추세가 바뀌는 게 아닌가 생각이 든다. 결론적으로 지금까지의 사례로는 생산가능인구의 감소와 주택가격 사이에서 뚜렷한 관계를 찾기가 어렵다.

일반적으로 생산가능인구와 같은 '인구 요인'은 주택가격에 장기적으

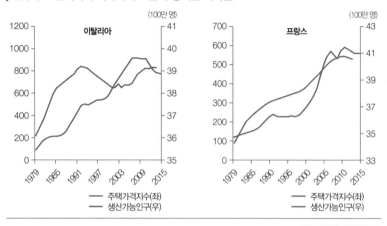

자료: KB금융지주경영연구소

로 영향을 미친다. 다만 앞으로 '이러한 일이 일어나겠구나' 하는 예상과 현재의 불안한 상황이 합쳐진다면 주택가격이 당장 떨어질 가능성도 있긴 하다. 최근 우리나라의 폭락론자들이 기대고 있는 부분이다.

중국은 우리보다 1년 일찍 생산가능인구 감소를 겪고 있으며 향후 고령화 속도도 우리와 비슷하거나 빠를 전망이다. 그러나 최근까지도 (불안하긴 하지만) 대도시 주택가격이 폭등하고 있다. 중국의 경우 경제 성장이 주택가격에 더 큰 영향을 미치기 때문에 당분간 조정은 있을지언정 계속해서 상승할 가능성이 크지 않을까 생각된다.

우리나라의 생산가능인구 감소를 단기적으로 심각하게 생각하지 않아도 되는 이유가 몇 가지 있다. 액티브 시니어Active Senior 즉 건강한 노년층의 경제활동 참가가 증가하고 있다는 점, 그리고 여성의 고용률이 증가할 것으로 예상되기 때문이다. 즉 단기적으로 봤을 때 생산가능인구 감소로 인한 주택가격 폭락은 '기우'일 가능성이 높다는 말이다.

입주폭탄과 부동산 폭락?

앞에서 잠깐 언급했지만, 지금부터는 지역별로 대규모 입주가 시작되면 주택가격이 어떻게 변화할지 알아보고자 한다. 가장 큰 규모는 1990년대 초반 주택 200만 호 건설로 인한 입주일 것이다. 통계청의 주택 총조사 자료에 따르면 1990년 당시 우리나라 주택숫자는 716만 386호이다. 이러한 상황에서 200만 호를 추가로 건설하는 것은 전체의 27.8%에 달하는 주택이 새로 공급되었다는 뜻이다. 전 세계적으로 유례를 찾아보기 힘들 정도의 대규모 물량 공급이었다. 지금 주택을 연간 40~50만 호 공급하는 것과는 차원이 다른 것이었다. 시장은 당연히 큰 충격을 받았다. 비교적 양호한 경제성장을 보였음에도 불구하고 1990년대 내내 주택가격이 떨어졌다.

좀 더 자세히 살펴보면, 1990년부터 외환위기가 닥친 1997년까지 평균 인허가 실적은 전국적으로 연간 63만 3,000호에 달했다. 당시 주택매매가격지수는 1991년부터 1994년까지 3년 연속 연평균 1.7% 하락을 보였다. 1986년 통계가 작성되기 시작하면서부터 1990년까지 보여준 연평균 14.0%라는 무서운 상승세를 현저히 누그러뜨린 것이었다.

그러던 것이 1997년 외환위기를 맞아 급변하기 시작한다. 1998년 30

인허가 실적과 주택가격 상승률

출처: 국토교통부

만 6,000호, 1999년 40만 5,000호, 2000년 43만 3,000호로 급감하였다가, 경제회복에 자신감이 붙은 2001년부터 53만 호, 2002년 66만 7,000호, 2003년 58만 5,000호로 급증하기 시작한다. 그 후 2004년부터 금융위기가 닥친 2007년까지 연평균 48만 8,000호가 인허가되었다. 당시 가격 변화를 살펴보면 외환위기가 닥친 1998년 한 해만 12.4% 하락하고, 1999년부터 2003년까지 연평균 7.2% 상승하여 제자리를 찾아갔으며, 2004년에 다시 2.1% 하락하게 된다. 2001년 이후 급증한 인허가 물량의 입주가 시작된 시점에 하락한 것이다.

2008년 금융위기 때도 유사한 패턴이 반복된다. 2007년에 55만 6,000호에 이르던 인허가 물량이 2008년에는 37만 1,000호로 감소했다. 2009년과 2010년에도 각각 38만 2,000호, 38만 7,000호로 인허가가 축소되었다. 이후 경제가 어느 정도 성장하기 시작하자 2011년부터 2014년까지 연평균 52만 3,000호로 일정 수준을 유지하다가 2015년 76만 5,000호로 사상 최대치를 기록하게 된다. 2017년부터는 인허가 물량이 대폭 줄 것으로 예상되어 그나마 다행이지만, 입주시점에서의 가격조정은 불가피할 것으로 보인다.

그렇다면 과거 인허가 축소 당시의 주택가격은 어떻게 변화하였을까? 서울의 경우는 2010년부터 3년간 하락세를 보였으나 전국지표의 경우 지방시장 강세로 인해 2012년 한 해만 0.03% 하락하는 데 그쳤다. 그 결과 전국 매매가격지수는 2008년부터 2015년까지 연평균 2.5% 상승세를 보여주고 있다.

측정 방식에 조금 문제가 있긴 하지만 정부에서 발표하는 미분양주택 현황 자료를 살펴보는 것도 영향을 파악하는 데 도움이 된다. 우리나라 미분양은 대략 7만~8만 호 내외를 유지하는 것이 일반적 상황이었다. 그러다 금융위기가 터지며 2009년 3월 16만 6,000호로 정점을 찍은 이후 계속 감소하였고, 2015년 5월 2만 8,000호까지 감소하였다. 이후 공급물량 증가로 인해 2016년 말 5만 6,413호로 늘어난 상태다. 최근 미분양 물량이 조금 늘어나고 있는 상황이긴 하나 중장기 평균인 7만 호를 밑돌고 있어 그리 걱정할 수준은 아니라고 볼 수 있다.

그러나 부동산114에서 조사한 아파트 분양물량 자료를 보면 조금 걱정스러운 면이 있다. 2000년부터 우리나라의 연간 아파트 분양 물량은 20만 호에서 35만 호 정도였다. 그러다가 금융위기 여파로 2010년 17만 3,000호로 최저점을 기록한 후 점차 늘어나 2011년부터 2014년까지 연평균 28만 4,000호가 분양되었고 2015년에는 51만 6,000호로 사상 최대치를 기록했다. 2016년 분양물량을 감안하더라도 지금의 미분양 수치는 아주 낮은 상태로 유지되고 있음을 알 수 있다.

결론적으로 2015년과 2016년의 대량 인허가 물량은 2~3년 지난 시점에 입주가 이뤄질 것으로 보이고, 생산가능인구 감소 현상과 맞물려 어느 정도의 가격조정은 불가피할 듯하다. 그러나 그 조정의 폭이 어느 정도일지는 예측하기가 쉽지 않다. 이는 경제여건 전반과 관련되어 있기 때문이다.

주택 200만 호 건설 및 입주로 가격 안정세를 보인 시점인 1990년대 중반 이후, 주택매매가격지수가 마이너스를 보인 때는 단 3개년에 불과하다. 1998년 외환위기 때와 2004년, 그리고 금융위기 영향을 받은 2012년이 그랬다. 물론 지역에 따라 30%까지 하락한 지역도 있었으나, 장기적으로 보면 세계에서 유례를 찾기 힘들 정도로 안정적인 가격 움직임을 보여주었다.

과거의 사례 중에선 2004년 가격 하락이 지금 상황과 유사한 것으로 보인다. 외환위기 이후 공급물량이 대폭 줄었다가 폭증한 시점이어서 그렇다. 그러나 이 시기의 하락 역시 지금의 상황과 100% 일치시키기엔 석연치 않다. 당시 '신용카드 사태'라는 경제적 돌발 변수가 있었기 때문이다.

최근 인허가 물량이 많긴 했다. 절대적 수치로 본다면 사상최대의 인허가 물량이다. 그러나 인구 대비 혹은 가구수 대비로 살펴보면 다른 의미를 가진다. 1990년에 인허가된 75만 호와 2015년 76만 5,000호는 전혀 다른 의미다. 1990년 당시 인구는 4,300만 명이었고 지금은 5,100만 명이다. 게다가 최근 멸실주택이 많이 늘어났다는 점을 감안할 경우 주택보급률 자체는 과거에 비해 많이 올랐다고 하더라도 시장에서 중장기적으로 소화 못 할 물량은 아닌 것으로 보인다.

우려되는 점은 있다. 단기적으로 물량이 쏠린 지역들은 상당한 폭의 가격조정이 있을 것으로 보인다. 과거 분당·일산 등 5개 신도시 입주 당시 가격조정 같은 모습이 일부 지역에서 재연될 가능성이 높다. 이들 지역은 단기적으로 역전세난, 매매가격 하락, 그리고 전세가 급등의 모습을 보일 것으로 예상된다. 그러나 전국적으로는 가격조정의 폭과 기간이 그리 클 것 같지 않다. 최근 공급물량 자체가 과거 200만 호 수준에 이르진 못하기 때문이다. 따라서 1990년대 초반에 벌어진 수 년 간에 걸친 가격조정이 그대로 일어나긴 힘들 듯하다.

앞서도 언급했듯 지금 상황이 2004년과 유사하긴 하지만 가격조정이 정말 당시처럼 이뤄질 것인지에 대해선 다시 한 번 생각해볼 필요가 있다. 당시에는 신용카드 사태라는 경제적 돌발변수가 있었기 때문이다. 지금도 경제가 불안한 상황이라는 점을 감안하면 당시 모습을 보여줄 가능성도 있고, 반대로 막대한 부동자금과 초저금리 현상이 지속되고 있다는 점을 감안하면 버틸 가능성도 상존하는 상황이다.

또한 지역적으로 살펴보면 전혀 다른 얘기가 될 수 있다. 지역에 따라 주택보급률이 높은 곳이 많기 때문에 이들 지역의 획기적 수요증가가 없다면 상당 폭의 가격조정이 있을 수 있다. 분당 입주 후 성남시의 주택가격이 큰 폭으로 단기 조정 받았다는 사실을 기억해야 한다. 또한 금융위기 이후 전국적 지표는 소폭 하락하였으나 행정기관 및 공기업이 빠져나간 지역의 주택가격은 20% 이상 조정을 받았다는 점 역시 유념해야 할 것이다.

준공물량 증가 즉 입주물량 증가는 주택가격 하락에 대한 영향력보다 전세가격 하락에 대한 영향력이 더 큰 것으로 알려져 있다. 특히 주택과잉공급 우려가 크고 전세가격이 하락하는 지역은 국지적으로 역전세까지 우려된다. 그렇다면 정부에서 미리 정책을 마련해야 할 것이다. 상당수의 서민들이 전셋집에 살고 있다는 점을 감안하면 이들 지역의 전세가격 급등락을 막기 위한 정책적 노력이 필요하고, 역전세난이 발생하더라도 서민의 피해를 줄이기 위한 전세보증금 보험제도의 확대 등이 필요할 것이다.

공급이 터지면 지역적으로 조정을 받는다

과거의 일이라 벌써 가물가물하지만 기억을 되살려 보는 지혜가 필요하다. 결국 수요와 공급의 관계에서 우리가 참조할 만한 자료는 과거의 것과 외국 사례밖에 없기 때문에 더욱 그렇다. 이 책에서 대부분 과거에 관한 얘기를 하는 것도 그러한 이유다. 그러나 현실을 정확히 반영하긴 힘들다는 점에서 과거에 대한 분석도 만능이 아님을 명심해야 한다.

1989년, 주택가격 폭등에 따라 200만 호를 건설하기 시작한다. 당

| 주택매매가격지수와 아파트매매가격지수의 상승률 변화

구분		1987	1988	1989	1990	1991
주택매매 가격종합 지수	전국 상승률	7.08%	13.22%	14.59%	21.04%	−0.55%
	서울 상승률	2.02%	9.05%	16.60%	24.25%	−2.15%
	강남 상승률	2.96%	15.15%	18.14%	28.96%	−2.27%
아파트매매 가격종합 지수	전국 상승률	9.40%	20.04%	20.20%	32.28%	−1.84%
	서울 상승률	4.74%	18.54%	18.75%	37.62%	−4.50%
	강남 상승률	5.56%	18.77%	18.61%	38.85%	−5.11%

자료: KB국민은행

시 주택가격 상승률은 지금으로서는 상상하기 힘들 정도로 폭이 컸다. KB주택매매가격지수에 의하면 1990년 전국의 주택가격이 단 1년 만에 21.04% 상승하였다. 당시 아파트나 강남의 상승률을 보면 '이것이 버블이구나' 하는 생각이 들 정도다. 이러한 상태는 보통의 경우에도 오래가지 못하지만, 200만 호 건설이라는 초유의 공급 폭탄으로 인해 입주가 시작되는 1991년부터 모두 하락세로 돌아서게 된다.

여기서도 한 가지 흥미로운 것은 전체 주택보다는 아파트의 상승세가 가파르고, 하락할 때도 좀 더 깊게 조정 받는다는 것이다. 또한 전국보다는 서울이, 서울보다는 강남이 더 가파르게 상승하거나 하락함이 나타난다.

공급의 가격조정력은 전국적으로 그리고 지역적으로도 나타나지만, 대형 공급이 쏠리는 지역의 경우 그 정도가 훨씬 심각하다. 1990년 성남시의 인구는 54만 명 정도였다. 이 정도 규모의 도시 안에 대략 10만 호를 건설하여 인구 43만 명을 수용하는 분당신도시가 건설되었다. 도시인구가 갑자기 2배 가까이 증가하는 어마어마한 공급이었다. 당시 주택가격이 어떻게 변화하는지 살펴보았다.

그전까지 다른 지역과 별 차이 없는 동향을 보이던 성남시 주택가격은 점차 다르게 움직이기 시작한다. 수도권의 주택가격 자체가 크게 조정을 받긴 했지만, 성남시의 주택가격은 더더욱 지속적으로 빠진 것이다. 1995년에는 1991년 고점 대비 16.9%나 빠지게 된다. 이후 외환위기 때도 이 저점은 지켜낼 정도였다. 참고로 1991년부터 1995년 사이에 전국 주

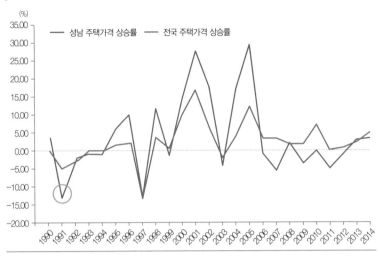

(%)

출처: KB국민은행

택가격은 8.5% 빠졌고 이후 외환위기 때 추가로 빠졌으나, 성남의 경우
는 1996년과 1997년에 상승했고 이후 외환위기 때 빠지긴 하였으나 최
저점에 다다르진 않았다.

그림에서 보듯 순간적으로 많이 하락하긴 하지만 이후 다시 강한 반
등이 오기 때문에 결과적으로는 비슷하게 상승한다. 성남의 경우는 그
다음에도 판교개발 등의 개발호재가 계속 나왔고 입지가 뛰어난 지역이
기 때문에 가격 회복력이 월등히 좋아 전국평균보다 훨씬 더 많이 상승
하게 되었다.

다음은 분당에 비해 비교적 최근 대량 입주가 시작된 잠실을 살펴본
다. 우리나라에서 금융위기의 영향을 받은 때는 2008년 10월이고, 잠실

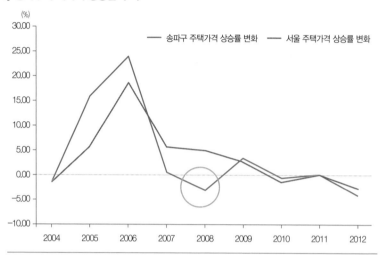

송파구 주택가격 상승률 변화 ── 서울 주택가격 상승률 변화

출처: KB국민은행

재건축 단지의 입주는 그해 1월이었다. 따라서 당시의 가격변화는 금융 위기보다 입주에 의한 효과로 보는 것이 맞다. 당시 송파구는 재건축 붐을 타고 무서울 정도로 가격이 뛰었다. 2006년의 경우 한 해 상승률이 24.2%였으니, 버블이라 보아도 무방할 듯하다. 그러나 입주가 시작되는 시점의 상황은 정반대가 된다. 서울시는 5.03% 상승한 데 반해 송파구는 잠실 재건축 단지 2만여 호 입주로 인해 주택가격이 빠지는 현상을 보인다. 그러나 이후 성남과 유사한 패턴으로 가격이 급속히 회복하는 모습을 보여준다.

당시 재밌는 현상들이 많이 나타났다. 이러한 현상들을 짚고 넘어가야 다음에 대비할 수 있을 것으로 보인다. 일반적으로 신도시급 개발이 이루어져 분양을 받은 사람들을 보면 바로 입주할 수 있는 진정한 실수요자라고 보기 힘든 사람들이 많다. 실수요자라 하더라도 직장이나 학교 등의 이유 때문에 입주 시점에 바로 입주하는 경우가 생각보다 많지 않다. 그래서 상당수는 전세물량으로 나오게 된다. 그 결과 초기에 입주하는 사람들은 아주 저렴한 가격에 전세를 얻을 수 있게 된다. 불과 몇 년 전만 해도 수도권 일부 신도시들의 입주시점에는 전세입자를 구하지 못한 수분양자들이 상당한 애로를 겪는 일이 다반사였고, 건설사들은 이를 지원하는 입주지원책까지 만들 정도였다.

잠실 역시 2008년 입주물량이 대량으로 터지면서 전세물량 공급도 엄청나게 늘어난다. 잠실이라는 뛰어난 입지적 강점을 가졌음에도 불구하고 전세가는 아주 낮게 형성되었다. 그리고 새 아파트라는 강점과 비교적 뛰어난 교육여건, 문화여건 등으로 인해 많은 사람들이 몰려들게 되었다. 워낙 입지가 뛰어나기에 약간의 가격 하락만으로도 전세입주가 원활히 이루어졌다. 그러나 그 다음이 문제였다.

싼 가격에 전세로 입주한 사람들이 재계약을 맺을 때는 전세가가 급등하여 입주자가 쫓겨나는 상황이 빈발하였다. 당시 전세가의 폭락과 폭등은 정말 드라마틱하다. 2008년 전국 아파트 전세가는 1.45% 상승한데 반해 잠실 재건축으로 대규모 입주가 이뤄진 송파구는 -2.67%로 오히려 빠졌고, 그 다음 해인 2009년에는 전국이 -0.56%인 데 반해 송파구는 -13.39%를 기록하게 된다. 그러나 2010년과 2011년에는 무서울 정도로 폭등하는 모습을 보여준다.

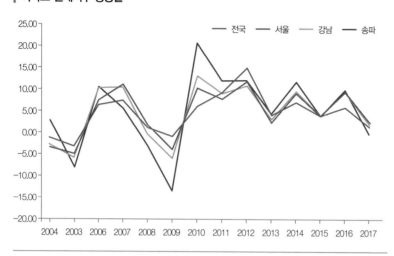

| 아파트 전세지수 상승률

출처: KB국민은행

결국 지역적인 공급물량 쏠림은 단기적으로 급락의 형태를 보여주나, 중장기적으로는 평균치에 다시 근접하는 경향이 있음을 알 수 있다. 그 렇다면 2017~2018년 입주물량 쏠림으로 인한 충격도 단기간에 그칠 가 능성이 높고 충격 이후에는 다시 정상궤도로 올라갈 가능성이 높다고 추정할 수 있다.

빈집이 급증하면서 이미 하락 추세는 시작되었다?

최근 언론에 "빈집이 늘어나 걱정"이라는 내용의 기사가 쏟아진 적 이 있다. 이는 주택총조사에서 조사하는 항목인데 1995년에는 전국의 빈집이 36만 5,466호로 총 주택 957만 395호의 3.82% 수준이었다. 20년 뒤인 2015년 전국 빈집은 100만 호를 넘긴 106만 8,919호로 전체 주택 1,636만 7,006호의 6.5%를 차지하는 것으로 조사되었다. 일본의 빈집 문제에 비하면 아직 심각하지 않은 수준이지만, 주택가격이 오르는데도 한편으로는 100만 채가 넘는 집이 비어 있다는 게 충격적이었다. 그리고 이러한 추세는 계속 이어질 것으로 예상돼 더욱 그러하다.

다음 페이지 그림에서 알 수 있듯 전체 빈집 숫자로 보면 앞으로 주택가격이 엄청 하락할 것 같은 느낌이 든다. 그러나 이를 해외와 비교해보면 좀 다른 의미를 가질 수 있다. 국가별로 빈집의 정의에 차이가 있으므로 숫자의 절대적 크기보다는 추세 정도를 보는 것이 좋겠다.

한국은 일시적으로 빈집 비율이 줄어들었다가 다시 상승하는 모습을 보여주고 있지만, 앞으로 계속 늘어날 가능성이 크다는 게 많은 전문가들의 견해다. 일본의 경우 우리보다 더 심각하여 암울하기까지 하다. 그러나 일본을 제외한 상당수 선진국은 조금 다른 모습을 보여주고 있다. 일본처럼 절대적 인구감소를 겪지 않아서인지 빈집 비율인 '공가율'이 상승하기도 하고 하락하기도 하는 모습이다.

빈집 문제에 있어 우리나라가 일본의 길을 따라갈지 아니면 다른 선진국의 길을 따라갈지는 알 수 없는 일이다. 그러나 앞서의 다양한 논의에서와 같이 일본은 '유독 특별한 사례'라는 사실이 드러나도, 많은 사람들은 다른 선진국보다 굳이 일본의 선례를 따라갈 것처럼 믿고 있다. 경고 차원에서 일본 사례를 언급하는 것은 좋으나, 과도하게 맹신하는

한국 빈집 추이

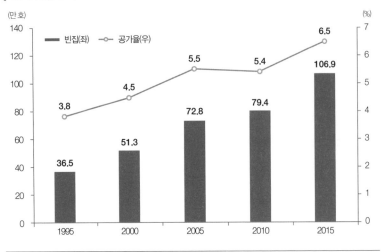

자료: 노민지 박사학위 논문, 인구주택총조사

일본 빈집 추이

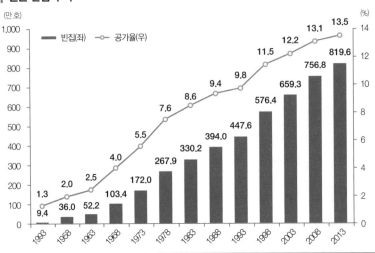

자료: 노민지 박사학위 논문, 일본토지주택조사

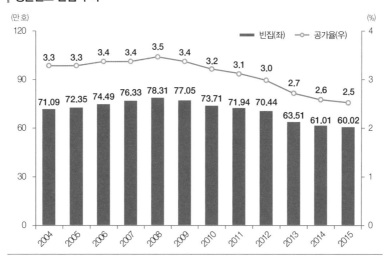

| 잉글랜드 빈집 추이

(만 호)

빈집(좌) 공가율(우)

(%)

3.3 3.3 3.4 3.4 3.5 3.4 3.2 3.1 3.0 2.7 2.6 2.5

71.09 72.35 74.49 76.33 78.31 77.05 73.71 71.94 70.44 63.51 61.01 60.02

2004 2005 2006 2007 2008 2009 2010 2011 2012 2013 2014 2015

자료: 노민지 박사학위 논문, 영국지방정부

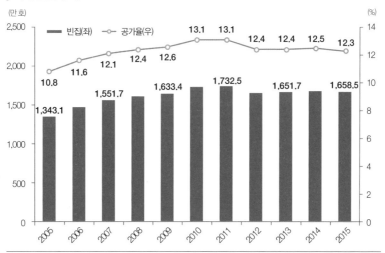

| 미국 빈집 추이

(만 호)

빈집(좌) 공가율(우)

(%)

10.8 11.6 12.1 12.4 12.6 13.1 13.1 12.4 12.4 12.5 12.3

1,343.1 1,551.7 1,633.4 1,732.5 1,651.7 1,658.5

2005 2006 2007 2008 2009 2010 2011 2012 2013 2014 2015

자료: 노민지 박사학위 논문, ACS(American Community Survey)

것은 좀 자제해야 할 듯하다. 아직은 확실한 것이 없는 상황이기 때문이다.

2015년 조사에서 재미있는 것은 서울의 빈집 숫자이다. 가장 기초적인 경제학 지식으로 보면 주택가격이 오른다는 것은 수요에 비해 공급이 부족한 것을 의미하는데, 서울에 빈집이 7만 9,049호로 거의 8만 호나 된다는 것이다. 정부에서 발표한 2015년 수도권의 주택보급률은 97.9%이고, 서울은 96%밖에 되지 않는데 빈집이 이렇게나 많다는 게 이상하다. 정말 집이 모자란 건지 아니면 집이 남아서 빈집이 생기는 건지 궁금해진다.

더욱 이상한 점은 이 중에서도 강남구가 서울시 전체 빈집의 14%나 차지하여 가장 많다는 것이다. 반면 서울에서 가장 빈집이 적은 곳은 비교적 저렴한 주택이 밀집한 금천구였다. 총 397호로 서울 전체의 약 0.5%를 차지했다.

빈집 숫자를 자세히 보면 이해가 간다. 자료에 따르면 서울시 빈집 중 절반은 매매·임대·이사 등의 이유로 비어 있고 그 비중은 약 48%(3만 7,656호)다. 즉 통계상으로는 빈집이지만 우리가 통념적으로 생각하는 그런 빈집이 아닌 것이다. 두 번째로 많은 것은 미분양·미입주 빈집으로 22%(1만 7,659호)다. 세 번째로는 철거대상을 포함한 폐가로 9%(7,384호)를 차지하고 있다. 폐가형 빈집도 강남구가 가장 많은 것으로 나타났다. 폐가가 두 번째로 많은 용산구보다 세 배나 많다.

결국 정부 통계상 빈집이라 할지라도 실제로는 일시적 빈집이거나 철거 때문에 비어 있는 것이기에 실제 일반인이 상식적으로 생각하는 '진짜 빈집'은 거의 없는 것이 아닌가 생각된다. 빈집이 전국적으로 늘고 있긴 하지만 적어도 서울만큼은 빈집 걱정을 하지 않아도 될 듯하다.

그러나 대부분의 전문가들이 예측하듯 빈집은 향후에도 늘어날 가능성이 높으므로, 빈집이 많이 발생하는 지방의 경우 더욱 선제적으로 정책을 펴야할 것이다.

지방소멸과 주택가격

2014년 5월 일본창성회의가 〈성장을 이어가는 21세기를 위하여: 저출산 극복을 위한 지방 활성화 전략〉이라는 보고서를 발간한다. 일명 〈마스다 보고서 増田リポート〉다.

이 보고서는 2010년부터 2014년까지 인구유출로 인해 가임연령인 20~39세의 여성인구감소율이 50%를 넘는 896개 자치단체를 '소멸가능성 도시'로, 그리고 2040년 인구가 1만 명 미만으로 추계되는 523개 자치단체를 '소멸가능성이 높은 도시'로 분류하였다. 도쿄와 같은 대도시의 여성은 출생률(2012년 일본 전체의 출생률은 1.41인 데 비해 도쿄의 출생률은 1.09)이 극히 낮기 때문에 이러한 인구이동은 일본 전체의 인구를 더욱 감소시킬 것이라는 위기감을 고조시켰다. 가임여성이라는 변수 하나만으로 지방소멸을 얘기한 것이 무모하긴 하지만, 지금까지도 일본 열도와 한국을 뜨겁게 달구고 있다.

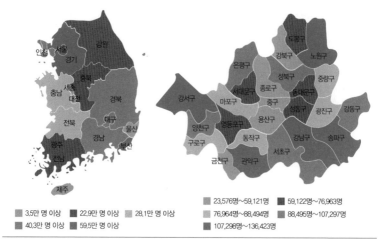

3.5만 명 이상　22.9만 명 이상　28.1만 명 이상
40.3만 명 이상　59.5만 명 이상

23,576명~59,121명　59,122명~76,963명
76,964명~88,494명　88,495명~107,297명
107,298명~136,423명

가임기 여성 분포　　　　　　　　　　　　　　　　출처: 행정자치부

여기에 자극을 받은 우리 행정자치부도 2016년에 '대한민국 출산지도'를 만들어 홈페이지에 공개했다. 그러나 종합적인 대책이 없는 상황에서 가임기 여성의 숫자만 표현했기에 부정적 여론이 일어났고, 며칠 지나지 않아 다시 폐쇄하게 된다.

이를 주택가격과 연관 지어 생각해 보면 지방에 대해서는 어느 정도 의미를 찾을 수 있을 것이다. 서울의 경우는 같은 도시 내 분포이기 때문에 큰 의미가 없으나, 지방은 의미가 있다. 지속적인 여성인구 유출로 인해 가임여성이 줄고 있는 지역은 앞서 논의된 빈집 비율도 높고 경제활동도 쇠락 징후를 나타내기 때문에 주택가격이 계속해서 하방 압력을 받을 가능성이 높다. 이에 더해 앞서 설명한 도시재생 관련 쇠락도시의 지도와 빈집의 분포를 감안하면 보다 정확한 파악이 가능하다. 그림에서 '심각한 지역'으로 표현된 곳은 특별한 개발 호재가 있지 않은 한 주택가격의 상승보다는 하락 가능성이 높다. 때문에 주택을 구매하는 데 신중을 기하는 게 좋을 것이다.

〈마스다 보고서〉는 지방소멸을 막기 위한 제안도 하고 있다. 선택과 집중을 통한 지방 중핵도시의 육성을 제안하고 있으며, 이 도시들이 인구유출을 막을 댐 기능을 수행하도록 제안하고 있다. 동 보고서에 자극을 받은 아베정부는 2015년 '1억총활약—億総活躍'이란 슬로건 아래 특명 장관을 임명하게 된다. 그리고 2016년에는 '50년 후에도 인구 1억 명을 유지하고 이들이 경제를 건강하게 이끌게끔 하겠다'는 내용의 계획을 천명하게 된다. 단순한 출생률 제고 정책이 아니라 경제정책과 고령화 대책을 포괄하는 종합적인 대책이다. 우리가 똑같이 따라할 필요는 없겠지만, 최대한 빨리 종합적인 대책이 마련되어야 후환이 줄어들 것이다.

아파트의 시대는 저물고 단독주택의 시대가 온다고?

오래전 건축이나 도시계획관련 강의를 들을 때 귀가 따갑게 들은 이야기가 있다. 우리나라는 비정상적으로 아파트가 많고 이러한 추세는 얼마가지 않아 바뀔 것이라는 말이다. 이런 얘기를 들은 지도 벌써 30년이 다 되간다.

다음 페이지 그림을 보자. 1987년부터 2016년까지 전국의 주택매매

주택과 아파트의 가격상승률 변화

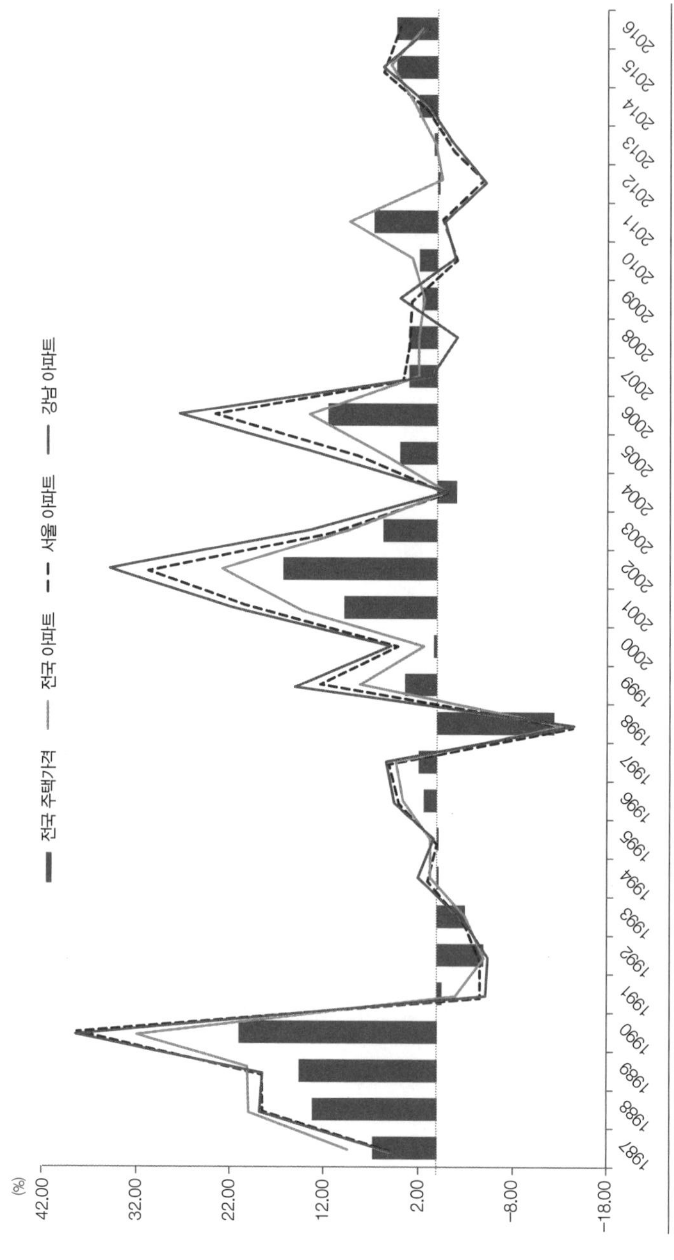

출처: KB국민은행

가격지수는 연 평균상승률이 3.85%로, 같은 기간 동안 전국의 아파트 가격은 연평균 5.72% 상승하였다. 우리는 아파트 통계와 전체 통계만 나오는데, 이를 활용하여 아파트가 아닌 단독과 연립 기타 주택의 상승률을 추정하면 지난 30년간 연평균 2.66% 정도 상승하였다. 아파트가 다른 주택들에 비해 30년 동안 매년 3.06%가 더 상승한 것이다. 서울과 강남의 아파트는 같은 기간 동안 연평균 6.15%, 6.70% 올랐다. 이렇게 보면 별것 아니지만 복리의 마법이 벌어지면 전혀 달라진다.

이해하기 편하게 1986년에 1억 원짜리 주택(단독과 연립주택 포함)과 아파트를 산 사람이 있다고 가정하자. 이 주택은 2016년에 2억 960만 원이 되었는데, 아파트를 산 사람은 4억 7,719만 원으로 가격이 올랐다. 아파트가 주택보다 무려 128%나 더 오른 셈이고, 서울 아파트와 강남 아파트는 각각 145%, 178%나 더 오른 5억 1,352만 원, 5억 8,275만 원에 달했다.

아파트 값이 이렇게 많이 그리고 빨리 오르니 국민들도 아파트를 사랑할 수밖에 없는 것 같다. 그리고 단독주택에 살다가 아파트에 살면 사생활 침해와 소음 등의 문제가 있긴 하지만 단독주택 거주할 때의 불편함에 비할 바는 아니다. 단독주택은 끊임없이 관리를 해야 하기 때문에 바쁜 현대인의 경우 유지하기가 거의 불가능하고, 특히 아파트의 산책로나 상가 등은 단독주택이 따라잡기 매우 힘든 것들이다.

앞으로도 대도시에서는 상당기간 동안 아파트 선호현상이 강화될 것으로 보이고, 이에 따라 다른 주택들보다 아파트 가격은 더 강한 모습을

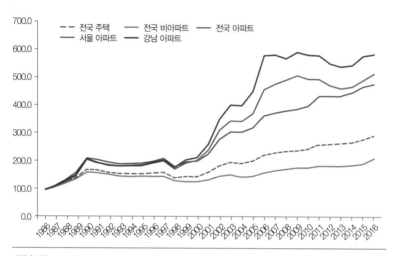

┃ 주택과 아파트의 가격변동

700.0
- - - 전국 주택   —— 전국 비아파트   —— 전국 아파트
—— 서울 아파트   —— 강남 아파트
600.0

500.0

400.0

300.0

200.0

100.0

0.0

1986 1987 1988 1989 1990 1991 1992 1993 1994 1995 1996 1997 1998 1999 2000 2001 2002 2003 2004 2005 2006 2007 2008 2009 2010 2011 2012 2013 2014 2015 2016

1986년=100   출처: KB국민은행

보일 것이다.

아파트를 선천적으로 싫어하는 미국과 영국, 일본 등 선진국 역시 사정은 마찬가지다. 비록 대도시에서이긴 하지만 2000년대부터 아파트 선호가 늘어나고 있다. 특히 2000년대 이전과 이후에 각각 맨해튼을 가본 사람은 피부로 느낄 것이다. 맨해튼에서 저렴한 호텔을 찾기가 거의 불가능해졌다.

2000년대 들어 맨해튼에 있는 상당수의 호텔들은 우리 식으로 치면 '아파트'라 할 수 있는 콘도미니엄으로 재개발 혹은 리모델링해 분양했다. 그 바람에 호텔이 줄어들었고 이에 따라 호텔 숙박료가 거의 세계 최고수준으로까지 치솟게 되었다. 이는 맨해튼만이 아니라 세계 주요 대도시에서 일상적으로 벌어지고 있는 일이다. 좁은 토지가 지닌 공급의 한계를 넘기 위해 아파트를 짓는 것이다.

　우리나라 역시 적어도 대도시에서는 이러한 추세가 더욱 강화될 가능성이 크다. 때문에 한국인의 아파트 사랑에는 상당한 근거와 이유가 있다고 볼 수 있다.

부 동 산   왜   버 는   사 람 만   벌 까

부록

심교언 교수가
생각하는 문재인 정부
부동산정책

문재인 정부 부동산정책, 어떻게 봐야 하나

문재인 정부 부동산정책, 어떻게 봐야 하나

2017년 정부에서는 강남 집값 상승을 막기 위해 6.19 대책을 내놓고 반응이 좋지 않자, 8.2 대책이라는 초강수 부동산대책을 내놓았다. 많은 사람들이 향후 부동산 시장에 어떤 상황이 벌어질지 궁금해 하고 있다. 두 가지 시나리오를 생각할 수 있다. 낙관적 시나리오는 과거 사례와 같이 단기 해프닝으로 끝날 가능성이다. 비관적 시나리오는 부동산대책이 경제에 큰 충격을 주면서 서민 경제가 위축될 가능성이 있다는 것이다.

8.2 집값대책, 공급 처방 보완해야
2017년 8월 2일, 정부가 부동산에 대한 무시무시한 칼을 뽑아 들었다. 저금리로 형성된 막대한 부동자금을 바탕으로 강남 재건축 아파트에서 시작된 가격 상승이 부담스러워 만든 대책이다. 강남 재건축 아파트는 2017년에만 수억 원씩 올랐고 정부 대책 발표로 며칠 만에 수천만 원이 빠졌다가 다시 오르는 등 극도의 혼란상을 보였다. 이에 정부가 선진국에선 볼 수 없는 특정 지역 집값 잡기 대책을 내놨다. 그런데 과연 지금이 폭등 상황일까? 정말 이러한 대책이 나와야 하는 상황인가? 대책의 효과는 어떤 식으로 나타날까?

먼저 지금이 폭등 상황인지에 대해 알아보자. 가장 오랫동안 자료를 축적한 KB국민은행에서 발표하는 아파트매매가격지수를 살펴보면 역사적 흐름을 어느 정도 파악할 수 있다. 2017년 아파트 가격은 1~7월 중 전국이 0.59%, 서울과 강남이 각각 2.22%, 2.67% 올랐다. 최근 30년간 연간 상승률 평균치를 보면 전국과 서울, 강남이 5.72%, 6.15%, 6.70% 올랐으니 2017년 오른 것은 장기 평균에도 못 미친다.

오히려 지방은 산업 구조조정 등으로 인해 더욱 힘들어질 가능성이 커서 서울의 아파트 가격 하락이 지방의 가격 폭락으로 연결될 수 있다. 게다가 입주물량 쏠림과 금리인상, 재건축 초과이익환수로 인한 가격 하방 압력이 커지는 상황에서 시장을 폭등으로 규정하고 대책을 내놓은 것은 시기적으로도 바람직하지 않아 보인다.

8월 2일 내놓은 대책들은 투기과열지구 지정과 양도소득세 중과 등 수요억제책이 대부분이다. 지금까지 수십 년 간의 경험으로 알 수 있듯, 이러한 수요 부문의 대책들은 기껏해야 몇 달 동안 '거래절벽'으로 대변

되는 거래량 감축과 눈치보기 시장을 연출할 뿐이다. 부동산 광풍이 불었던 지난 2000년대 중반에 이보다 더 강한 대책들을 만들었으나, 노무현 정부 5년 동안 전국 아파트 값은 평균 34% 올랐고 서울은 56%나 급등한 바 있다.

8.2 부동산대책에도 분양권 전매제한을 강화하는 방안이 포함되어 있다. 2005년에는 수도권의 분양권 전매제한을 5년에서 10년으로까지 강화했다. 그러나 2005년과 2006년 주택매매가격은 전국적으로 각각 4.01%, 11.60% 올랐다. 아파트 값은 이보다 훨씬 크게 올라 2005년에는 전국과 서울, 강남이 각각 5.85%, 9.08%, 13.53% 올랐던 것이 2006년에는 13.75%, 24.11%, 27.65%나 오른 것으로 나타났다. 그래서 결국 공급확대책의 하나로 위례신도시 등을 부랴부랴 건설한 것이다. 이 정도라도 하지 않았더라면 지금 강남 집값은 더 올랐을 가능성이 크다.

일반적으로 가격이 오른다는 것은 공급을 늘리라는 신호로 해석된다. 물론 투기꾼으로부터 실수요자를 보호하기 위한 대책도 필요하지만, 공급이 수반되지 않는다면 단발성 대책으로 그치고 만다. 지금 강남 등의 집값이 급등하는 것도 수요에 비해 공급이 부족하기 때문이다. 몇 년 전부터 신규 택지 공급이 중단되었고, 여기에 8.2 부동산대책의 재건축 규제 강화가 더해지면서 이들 지역의 가격 상승 압력은 더 높아진 상태다.

가격지표를 개발한 이후 부동산 가격이 가장 안정적이었던 때는 1990년대 초반이 유일하다. 앞서도 언급했지만 1980년대 말까지 상상하기 힘들 정도로 폭등하는 시장을 안정시킨 것이 노태우 정권의 명운을 걸고 시행한 200만 호 건설이다. 토지공개념, 토지초과이득세 등과 같은 온갖 기발한 정책은 그 효과가 거의 없었다. 정부는 이를 명심하고 공급 대책을 추가로 보완해 장기적으로 안정적 시장을 형성해야 한다.

근시안적 주택수요 억제책의 한계

8.2 부동산대책은 쓸 수 있는 카드를 총동원한 초고강도 대책이라 할 수 있다. 정부는 '실수요 보호와 단기 투기수요 억제를 통한 주택시장 안정화 방안'이라고 하는데, 실제 대부분의 내용은 '투기꾼을 잡겠다'는 것이다. 금융위기 극복을 위한 전 세계적 규제 완화, 저금리 등의 분위기에 젖어 있었던 상황에서 8.2 부동산대책은 특별히 강한 인상을 줬고 시장에서도 충격으로 받아들이고 있다.

예상되는 효과로는 '거래절벽'이라는 단어에서 표현되듯 거래량 감소로 인한 경제적 손실과 강남 재건축 아파트의 단기적 가격조정 정도다. 그러나 중장기적으로는 '시장 이기는 정부 없다'는 말이 있듯이 원상회복될 가능성이 크다. 이는 주택지표를 개발해 조사한 30여 년 간 반복된 현상이기도 하다. 선진국에서도 이러한 사실을 직시해 중장기적 정책을 주로 사용할 뿐 우리처럼 몇 개월 단위로 단기적 수요억제책을 양산하지 않는다.

8.2 부동산대책이 시기적으로 바람직한지도 살펴봐야 한다. 6.19 부동산대책에서 하반기 입주물량 증가와 금리인상 가능성 등의 조정요인, 즉

하방압력을 언급했고 강남 재건축 아파트는 재건축 초과이익환수제로 강한 조정이 예상되는 상황이다. 하락 조정이 예상되는데 왜 굳이 더 하락시킬 대책을 몇 달 만에 내놓았는지 의문이다.

과거와 달리 강남발 집값 상승이 전국적인 가격 상승으로 연결되지 않는 상황에서 서울 집값을 잡기 위해 필요한 대책인가 싶기도 하다. 지방은 2016년부터 계속해서 하락세를 보이고 있기 때문이다. 강남 집값 잡으려다 지방의 집값 폭락으로 연결돼 경기침체로 접어들지 않을까 하는 우려가 드는 이유다.

워낙 많은 대책을 쏟아내 파악도 힘들지만 시장에서 특히 중요하게 받아들이는 것은 투기과열지구 지정과 다주택자 양도세 중과다. 투기과열지구 관련 규제는 근래에 보기 힘든 고강도 대책으로 분양권 전매제한과 재건축 조합원 지위양도 금지, 분양가 상한제 강화, 주택담보인정비율LTV · 총부채상환비율DTI 강화 등이 포함되었다.

앞서도 언급했지만, 과거 이보다 더 강한 정책을 내놨을 때도 주택가격을 안정시키진 못했다. 그래서 정부는 신도시 건설 등 대규모 공급대책을 마련했던 것이고 이를 통해 중장기적으로 가격을 안정시키는 데 성공했다.

다음으로 중요한 것은 다주택자에 대한 양도소득세 중과다. 정부는 다주택자 혹은 투기꾼들이 '집값 상승의 주범'이라면서 이들과 일종의 전쟁을 선포한 셈이다. 선진국에서는 다주택자를 임대주택 공급자로 인식하고 이들에게 각종 인센티브를 제공하는데 우리는 반대의 길을 택한 것이다.

이들은 현재 우리나라 임대주택의 80~90% 정도를 공급하고 있는데 이번 대책으로 주택투자를 줄이게 되면 결국 서민을 위한 임대주택의 공급축소로 이어지고 결과적으로 서민들의 삶이 더 팍팍해질 가능성이 커진다. 이 과정에서 2016년 우리 경제 성장의 절반을 담당한 건설업의 위축도 불가피하고 서민들의 체감 경제는 더 힘들어질 것이다.

8.2 부동산대책은 전체적으로 투기를 잡겠다는 '수요억제책'이 대부분이라는 점, 그리고 김현미 국토교통부 장관이 말했듯 '공급은 충분하다'고 인식하는 점에 문제가 있어 보인다. 전체 숫자로 보면 장관의 말이 맞다. 그러나 강남 집값이 폭등하는데 수도권 외곽에 주택을 대량 공급한다고 해서 강남 집값이 잡힐지, 막대한 부동자금 투자처 중에서 안전자산으로 인식되는 강남과 서울에 대한 선호가 이번 대책으로 수그러들지 의문이다. 게다가 재건축 규제를 강화하고 그나마 일부 공급 효과가 있는 도시재생마저 서울에서는 금지됐으니 공급위축이 더 심각해질 것으로 전망된다.

진정으로 정부가 주택가격을 안정시키고 싶다면 근시안적인 정책보다 장기적인 안목에서 정책을 만들어야 한다. 결국은 필요한 지역에 안정적으로 주택을 계속 공급하는 것이 정석이고, 이러한 방식으로 정책을 보완해야 정부가 바라는 목표도 달성할 수 있을 것이다.

8.2 부동산대책, 정말 서민을 위한 것인가?

정부에서 8.2 부동산대책을 내놓고 얼마 지나자 조금씩 시장의 반응이 보이기 시작했다. 앞서 8.2 부동산대책에서 예상되는 효과로 '거래량 감소로 인한 경제적 손실과 강남 재건축 아파트의 단기적 가격조정, 이로 인한 서울 집값의 단기적 하락' 정도로 생각했다. 또한 중장기적으로는 '시장 이기는 정부 없다'는 말이 있듯 다시 원상회복될 가능성이 높다고 예상했다.

실제 시장은 그런 식으로 반응했다. 한국감정원의 자료에 따르면 정책 발표 일주일 만에 서울의 아파트 값이 0.03% 빠진 걸로 조사되었다. 무려 75주 만에 하락세로 전환했다는 것이다. 이 자료를 자세히 보면 강남 3구 아파트 값이 떨어진 게 눈에 띄는데, 이는 부동산114의 조사가 밝히고 있듯 재건축 아파트 시세가 일주일 만에 0.25% 빠진 영향이 큰 것으로 보인다. 풍선 효과도 나타났다. 강남 인근과 서울 남부 경계부의 집값이 일주일 만에 확연히 오르는 모습을 보여주었다.

거래절벽 현상은 예상외로 심각하게 나타났다. 발표 전후 일주일간의 거래량이 전국은 57.1%, 서울은 81.5%나 줄어든 것이다. 특히 85㎡ 이하의 중소형 아파트 거래는 89.8%나 급감하여 정부가 의도한 투기꾼보다 중산층의 피해가 더 극심할 것으로 생각된다.

이에 정부는 보완책을 내놓았다. 부부합산 소득기준을 1,000만 원 상향하여 7,000만 원까지는 피해를 보지 않도록 하고, 잔금을 치르지 못한 사람들도 소급해서 대출 비율을 상향하도록 했다. 그래도 서울의 아파트 중위가격이 6억 2,888만 원인데, 6억 원으로 규제가 묶여 있어 절반 이상이 투기자로 취급된다는 점, 그리고 착실히 내집 마련을 준비한 30~40대 상당수가 청약가점제 강화로 인해 희망을 잃은 점 등 많은 문제가 산적해 있다. 정책을 마련함에 있어서 조급하게 만들었다는 비판을 피하기 힘들어 보인다.

금융위기 극복과정에서 양적완화와 금리인하는 전 세계적 추세였다. 그래서 선진국들도 대도시 집값 폭등으로 인한 우려가 커지고 있는 상황이다. 이 과정에서 서울은 뉴욕, 런던, 도쿄, 코펜하겐 등과 비교했을 때 상승세가 아주 낮게 유지된 편이다. 그런데도 선진국에서는 집값을 잡기 위해 우리와 같은 정책을 내놓지 않고 있다. 집값 잡으려다 경제, 특히 서민경제가 힘들어질 수 있다는 우려 때문이다.

8.2 부동산대책에서 다주택자를 투기꾼으로 보고 이들을 규제하겠다는 것은 문제가 크다. 앞서도 언급했지만 이들은 정부에서 못하는 임대주택의 대부분을 공급하는 사람들이다. 이들을 임대사업자로 전환시키는 것은 다른 정책수단을 통해서도 충분히 가능하다. 이번 정책은 다주택자를 활용하여 임대주택 공급을 늘리려는 선진국 트렌드에 정면으로 위배되는 것이다.

앞으로가 더 걱정이다. 우리 경제의 가장 큰 문제인 가계부채에 대한 대책과 전월세 상한제, 보유세 인상 등이 시장 상황과 관련 없이 계속해서 터져 나온다면 과연 경제가 버텨낼 수 있을지 걱정이다. 외환위기 때 집값이 전국적으로 12% 정도 빠졌다. 그때 정말 서민들이 행복해졌고 투기꾼을 근절시켰는지 다시 생각해봐야 한다.

세계적으로 일본의 잃어버린 20년에 대해 논의가 활발하였다. 갑작스런 대출규제와 금리인상, 그리고 일본 정부의 미숙한 대응으로 촉발된 것인데, 지금은 이를 닮아가는 게 아닌가 하는 걱정도 든다. 우리 경제가 잘 버티면 괜찮겠지만 그렇지 않다면 배제할 수도 없는 상황이다.

이제부터라도 대책을 만들 때 '강남 집값'이라는 편협한 목표를 잡지 말고 거시경제적 측면과 서민생활에 대한 여파를 감안해야 한다. 집행할 때도 최근 재빠른 보완책 마련과 같은 완급 조절이 필요할 것이다. 그리고 이러한 대책이 만들어지면 규제 대상자가 얼마이며 그로 인한 경제적 여파가 어느 정도일지 미리 연구해야 할 것이다. 부동산정책은 비밀작전처럼 수행되선 안 된다. 국민들과 좀 더 소통해야 진정한 서민보호라는 목표를 달성할 수 있을 것이다.

보유세 인상, 어떤 결과를 나을 것인가

부동산에 대한 정부의 관점이 극단으로 치닫고 있다. 여당 대표가 19세기 정치경제학자인 헨리 조지를 거론하면서 보유세 인상에 대한 논의에 불을 붙였다. 8.2 부동산 대책과 이후 9.5 후속조치를 포함한 일련의 대책 및 정부의 언급 등을 감안해보면, 보유세 인상을 '부동산 과열을 잡기 위한 수단'으로 여기고 있는 듯하다. 보유세가 가진 여러 성격 중에서 '부동산가격 안정'에만 지나치게 치우친 느낌이다.

자원의 효율적 배분을 위해서 보유세를 인상하고 거래관련 비용을 줄이는 것에 대해서는 대부분의 학자들이 동의하는 바다. 우리나라는 다른 선진국들에 비해 보유세가 낮은 편인 반면 양도소득세와 취득세가 매우 높기 때문에 경제에 부담을 주고 있다는 지적이 계속해서 제기되었기 때문이다.

　그러나 현 정부는 이미 '다주택자 양도세 중과'라는 초강수를 둔 바 있다. 거래관련 비용도 급격히 늘리고 있는 상황에서 보유세까지 올리면 경제에 큰 부담이 될 것으로 보인다. 보유세를 인상하려 한다면 당연히 거래세 인하도 함께 검토해야 하는 게 맞다.

　OECD 자료를 살펴보면 2015년 기준 우리나라 총 조세수입에서 재산세가 차지하는 비중은 35개 회원국 중 3위를 차지할 정도로 이미 많이 걷고 있는 상황이고, GDP 대비 비중으로 봐도 11위에 해당된다. 이런 상황에서 세금을 더 걷기 위해 재산세와 종부세를 포함한 보유세를 인상한다는 건 그리 논리적으로 보이지 않는다.

　사실 부동산가격을 잡기 위해 보유세를 인상하는 것은 실질적으로 효과를 볼 수 있으리라 생각된다. 세금이 부과된 만큼 부동산가격은 하락하게 되므로 투기수요를 줄이게 될 것이다. 그러나 시기적으로 볼 때 지방 부동산가격은 2016년부터 꾸준히 하락하고 있고, 거시경제 전망역시 불투명한 상황에서 굳이 이를 지금 언급하는 것이 맞는지 의문이다. 그리고 우리나라는 국민 자산의 70% 이상이 부동산으로 구성돼 있다. 부동산가격이 하락하면 소비 위축과 이에 따른 경제 불황이 따라오게 될 것이다. 만약 보유세 인상이 과다할 경우 부동산가격의 '폭락'까지도 예상되는데, 이로 인한 금융권 부실과 경기 급랭을 유발할 수 있으므로 충분한 검토가 필요한 사안이다.

소득재분배를 통해 서민층을 살리겠다는 목표도 실제 달성 가능한지 고민해봐야 한다. 지금 서민들의 주거비 부담이 문제 되고 있는 지역은 서울 등의 대도시 지역이다. 이 지역에서 보유세가 인상되면 임차인에게 상승분을 바로 전가시킬 가능성이 커 오히려 서민들이 힘들어질 수도 있다. 그리고 보유세 인상으로 지역 내 주택공급이 위축되면 주거난이 더욱 심각해질 것이고, 이 역시 서민들에게 안 좋은 영향을 미칠 것이다.

더욱 심각한 것은 최근 이익이 많은 대기업에 대한 법인세 인상 및 다주택자 대상의 양도세 중과를 결정내린 상황에서 동시에 보유세 인상 얘기까지 나오고 있다는 점이다. 충분한 공론화 절차 없이 군사작전을 방불케 하는 식의 의사 결정이 계속되고 있다.

분양가 상한제, 정말 주택가격을 떨어뜨릴 수 있을까?

8.2 부동산 대책 이후 9.5 후속조치와 관련해 분양가 상한제에 대한 논란이 일며 그로 인한 폐해를 우려하는 목소리가 크다. 분양가 상한제를 실시하기 전부터 각종 규제수단을 동원하여 분양가를 낮추었는데 과연 서민을 위한 정책이었는지 의심스럽다.

분양가 상한제를 실시하는 목적은 주택가격을 안정시키기 위해서다.

과거 200만 호 건설처럼 대규모 개발을 통해 대량 공급할 때는 이 제도가 실제 주택가격을 안정시키는 데 기여한 것으로 보인다. 하지만 이후에도 꾸준히 주택가격 안정화 효과가 있었는지는 확실치가 않다.

특히 강남과 같이 신규 공급량이 아주 적은 지역에서 분양가 상한제를 실시하면 가격 안정화 효과는 전혀 없을 것으로 보인다. 오히려 소수 청약당첨자만 시세차익을 통해 횡재를 얻는 정도로 그칠 것이다. 지금은 LTV, DTI 규제까지 강화된 상황이라 그야말로 현금자산이 많은 부유층만 그 횡재의 대상이 되고 있다. 정부가 전혀 의도치 않은 결과이다. 지역적 특수성을 무시하고 과거의 정책을 큰 고민 없이 그냥 사용하다보니 나타나는 부작용이다. 차라리 몇몇 소수만 얻는 횡재를 국가가 거두어들여 서민 혹은 청년들을 위해 임대주택을 건설한다면 사회적으로 더 바람직하지 않을까 고민해봐야 한다.

일반적으로 분양가 상한제를 실시하면 수익률 감소 때문에 중장기적으로 공급량이 부족해질 가능성이 커진다. 결국 가격이 더 올라갈 수 있다는 말이다. 주택가격을 잡기 위해 규제를 했지만 결국 가격이 오르면서 서민들에게 피해가 돌아오는 것이다. 그래서 선진국은 주택공급 정책에 주목할 뿐 가격 규제 정책을 쓰지 않는다. 실제 서민들에게 도움이 되는 것인지, 그리고 그 영향이 어느 정도인지를 따져보고 해도 늦지 않기 때문에 지금부터라도 제도를 도입할 때 신중을 기해서 접근할 필요가 있다. '실험적으로 한번 해보는 정책'은 항상 서민들을 괴롭혔다는 점을 명심해야 할 때다.

부록 | **컬러 그래프 1** (본문 42페이지 내용 참조)

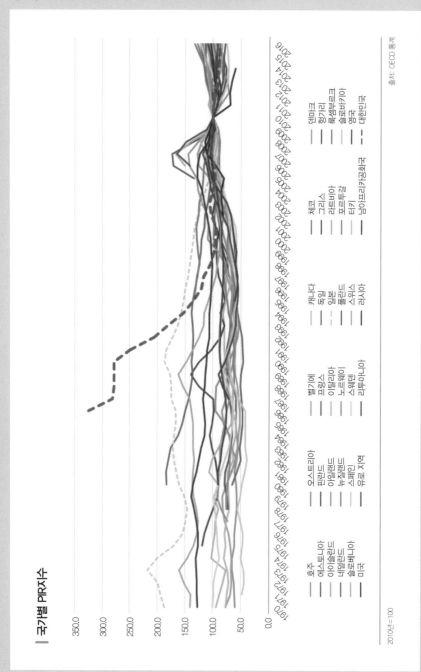

국가별 PIR지수

출처: OECD 통계

2010년 = 100

198

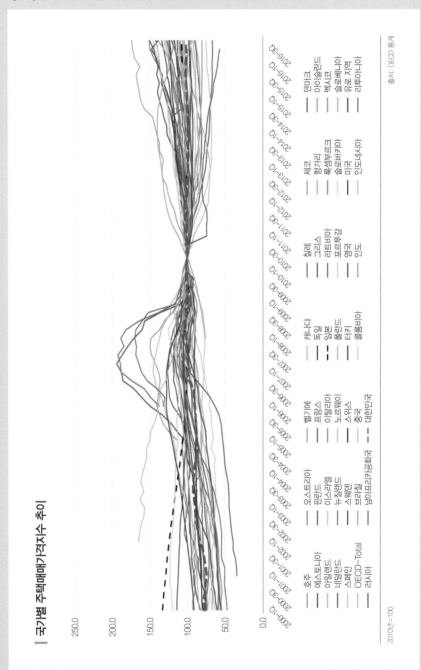

국가별 주택매매가격지수 추이

출처: OECD 통계

| 중국 경제성장률과 도시별 주택가격

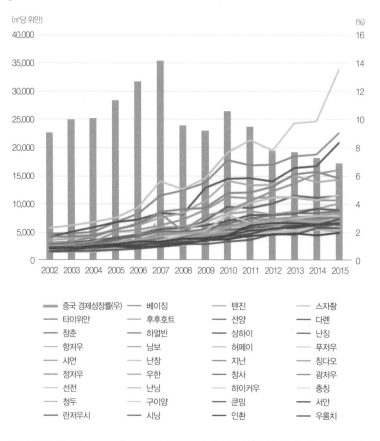

범례:

━ 중국 경제성장률(우)	━ 베이징	━ 텐진	━ 스자좡
━ 타이위안	━ 후후호트	━ 선양	━ 다롄
━ 창춘	━ 하얼빈	━ 상하이	━ 난징
━ 항저우	━ 닝보	━ 허페이	━ 푸저우
━ 샤먼	━ 난창	━ 지난	━ 칭다오
━ 정저우	━ 우한	━ 창사	━ 광저우
━ 선전	━ 난닝	━ 하이커우	━ 충칭
━ 청두	━ 구이양	━ 쿤밍	━ 서안
━ 란저우시	━ 시닝	━ 인촨	━ 우룸치

출처: 통계청, APEC국가 주요통계, 중국 국가통계청